Lucia Santaella

Estética & semiótica

EDITORA
intersaberes

O selo DIALÓGICA da Editora InterSaberes faz referência às publicações que privilegiam uma linguagem na qual o autor dialoga com o leitor por meio de recursos textuais e visuais, o que torna o conteúdo muito mais dinâmico. São livros que criam um ambiente de interação com o leitor – seu universo cultural, social e de elaboração de conhecimentos –, possibilitando um real processo de interlocução para que a comunicação se efetive.

EDITORA intersaberes

Rua Clara Vendramin, 58 . Mossunguê
CEP 81200-170 . Curitiba . PR . Brasil
Fone: (41) 2106-4170
www.intersaberes.com
editora@editoraintersaberes.com.br

Conselho editorial
Dr. Ivo José Both (presidente)
Drª Elena Godoy
Dr. Neri dos Santos
Dr. Ulf Gregor Baranow

Editora-chefe
Lindsay Azambuja

Supervisora editorial
Ariadne Nunes Wenger

Analista editorial
Ariel Martins

Preparação de originais
Gustavo Ayres Scheffer

Edição de texto
Natasha Saboredo
Viviane Fernanda Voltolini
Camila Rosa
Tiago Marinaska

Capa e projeto gráfico
Charles L. da Silva

Diagramação
Querido Design

Equipe de *design*
Laís Galvão
Charles L. da Silva

Iconografia
Célia Regina Tartalia e Silva
Regina Claudia Cruz Prestes

Dados Internacionais de Catalogação na Publicação (CIP)
(Câmara Brasileira do Livro, SP, Brasil)

Santaella, Lucia
  Estética & semiótica/Lucia Santaella. Curitiba: InterSaberes, 2019. (Série Excelência em Jornalismo)

  Bibliografia.
  ISBN 978-85-5972-844-6

1. Comunicação 2. Estética 3. Filosofia 4. Semiologia 5. Semiótica
I. Título II. Série.

18-19953   CDD-302.2

Índices para catálogo sistemático:
1. Estética e semiótica: Comunicação 302.2

Cibele Maria Dias – Bibliotecária – CRB-8/9427

1ª edição, 2019.

Foi feito o depósito legal.

Informamos que é de inteira responsabilidade da autora a emissão de conceitos.

Nenhuma parte desta publicação poderá ser reproduzida por qualquer meio ou forma sem a prévia autorização da Editora InterSaberes.

A violação dos direitos autorais é crime estabelecido na Lei n. 9.610/1998 e punido pelo art. 184 do Código Penal.

Sumário

6   *Apresentação*

11   *Como aproveitar ao máximo este livro*

Capítulo 01

16   **Introdução aos estudos da estética e da semiótica**

17   O que é estética?

25   O que é semiótica?

Capítulo 02

38   **As linguagens e as transformações da comunicação**

44   Seis formações comunicacionais e culturais

Capítulo 03

84   **As linguagens visuais da comunicação**

85   Como evitar as ideias fora do lugar

92   Há linguagens específicas da comunicação?

96   Linguagens híbridas

101   As complexidades do audiovisual

104   O retorno à percepção

Capítulo 04

108 A reflexão estética na arte e na filosofia

110 Uma síntese panorâmica

Capítulo 05

131 As estéticas da comunicação

134 Antes do computador

136 Depois do computador

139 As estéticas da mixagem

144 Estéticas das redes

147 Robôs, dispositivos móveis e *games*

Capítulo 06

153 Transformações históricas nas correntes teóricas da semiótica

156 Primeiros sinais da emergência da semiótica

157 Dos gregos ao século XIX

165 As modernas escolas da semiótica

Capítulo 07

202 A teoria geral dos signos de Peirce

203 A ordenação das disciplinas filosóficas peircianas

'206 A fenomenologia como alicerce da semiótica

212 Definição e classificação dos signos

217 As tríades de signos e quase-signos

Capítulo 08

230 Semiótica da cultura: cultura e comunicação humana

233 Antropologia cultural e semiótica: convergências

236 Semiótica da cultura

238 Dos estudos culturais à crítica da cultura

240 A semiótica da cultura de Lotman

Capítulo 09

258 Semiótica visual: imagem e semi-simbolismo

260 Nota introdutória

264 A semiótica visual em Roland Barthes

266 Os três aspectos sígnicos da imagem na semiótica de Peirce

276 A semiótica semi-simbólica do visual

283 *Estudo de caso*

290 *Para concluir...*

292 *Referências*

306 *Respostas*

311 *Sobre a autora*

Apresentação

Estética e semiótica, eis duas áreas de conhecimento, de produção e de práticas cuja imensa extensão proíbe qualquer veleidade que uma só pessoa seja capaz de abraçar. Mesmo que coubesse a um time colaborativo de pessoas, outra veleidade seria imaginar que tanta informação pudesse ser transmitida em um único livro.

Diante dessas dificuldades, é preciso confessar que o desenvolvimento deste livro se pautou no cuidado de encontrar estratégias capazes de enfrentar o desafio da seleção do que deve ser colocado em relevo para fazer chegar ao leitor um panorama breve, mas fiel àquilo que aqui se buscou transmitir: de um lado, a apresentação sucinta da história e dos principais filósofos e estudiosos que formaram o pensamento multifacetado sobre a estética; de outro lado, os caminhos de desenvolvimento da semiótica até a explosão dessa área de conhecimento no século XX.

Entretanto, o desafio não para aí. Embora sejam áreas de conhecimento com especificidades – ou seja, cada uma tem sua autonomia –, sob alguns aspectos elas se encontram, trocam e compartilham seus atributos como se fossem irmãs siamesas. É simples dizer por quê: a semiótica é a ciência ou doutrina de todos os tipos de linguagem que o ser humano criou e desenvolveu ao longo de sua história; a estética, por sua vez, é a filosofia e a ciência do conhecimento que adquirimos por meio dos sentidos. Portanto, é o campo de estudos das manifestações qualitativas nas linguagens, em todas as suas formas – verbais, visuais e sonoras –, que mais atiçam a nossa capacidade sensória para provocar a abertura da nossa sensibilidade. Ora, se a semiótica é a ciência que explicita de onde vem o poder das linguagens para significar e se as manifestações estéticas se dão no campo das linguagens, aí se apresenta o ponto em que ambas, estética e semiótica, se encontram.

Como se isso não bastasse, falar em linguagem é necessariamente falar em processos comunicativos. Não há comunicação sem linguagem. Portanto, apresentar a estética e a semiótica implica lidar também com os processos comunicativos. Creio que estão aí os três campos que, neste livro, marcaram seu encontro: a estética, a semiótica e a comunicação. Aí reside o interesse de uma sinalização dos conteúdos que estão à espera do leitor em cada capítulo.

O Capítulo 1 pretende levar o leitor a tomar conhecimento do que é estética, de um lado, e semiótica, de outro, para que possa pisar em terra mais ou menos firme, antes de penetrar nos detalhamentos feitos nos capítulos seguintes. No Capítulo 2, serão discutidas as transformações históricas pelas quais foram passando, ao longo dos séculos, as linguagens e os processos comunicativos que elas instauram. Quando pretendemos palmilhar o território de uma área de conhecimento e das práticas que ele traz consigo, o primeiro passo é ter uma visão – mesmo que panorâmica – de sua história. Vem daí a importância do segundo capítulo.

Por que as linguagens visuais são linguagens da comunicação? Essa é a pergunta que o Capítulo 3 pretende colocar em discussão. Mais uma vez, a visada será histórica, para evidenciar como os processos de comunicação foram se multiplicando, tornando-se cada vez mais variados desde a invenção da fotografia, seguida de todas as outras mídias de produção e recepção visuais até atingir o ponto em que hoje nos encontramos, com a comunicação na *web*.

O Capítulo 4 é dedicado à apresentação da filosofia e das teorias estéticas. O caminho é longo, mas, sem qualquer dúvida, belo. O que pensaram os filósofos sobre a beleza e sobre os problemas do gosto? Quando nasceu a estética como ciência e como se deu seu desenvolvimento até os nossos dias? O que acontece quando nos deparamos com coisas, objetos e situações estéticas? O capítulo tenta dar algumas respostas a essas perguntas.

Dando continuidade a esse tema, o Capítulo 5 trabalha os tipos de manifestações estéticas que são próprias dos processos comunicacionais e que se manifestam nos meios de comunicação. Embora se trate de estéticas distintas das que estão presentes em obras artísticas, existe uma estética que é própria da comunicação. Neste capítulo, passaremos por elas, desde a fotografia até os *games*.

Percorrido esse caminho, a semiótica pode entrar em cena. Quando se fala em semiótica, é preciso lembrar que, embora ela tenha passado por um grande *boom* no século XX, seus inícios remontam aos gregos. Assim, o Capítulo 6 é dedicado a uma apresentação histórica breve, para que mais atenção seja dada às principais correntes da semiótica moderna.

Uma vez que a semiologia saussuriana e barthesiana e a semiótica de Hjelmslev e de Greimas foram tratadas no Capítulo 6, o Capítulo 7 é dedicado à apresentação da teoria dos signos de Charles S. Peirce e suas principais classificações, tudo isso acompanhado de exemplos para facilitar a apreensão dos conceitos que são necessariamente abstratos. O Capítulo 8, por sua vez, tem por tarefa apresentar a semiótica de Lotman. Tanto quanto possível nesses três capítulos, 6, 7 e 8, algumas evidências são fornecidas para, de certo modo, comprovar a tese de que a estética e a semiótica estão destinadas a se encontrar.

Por fim, o Capítulo 9 traz a semiótica para o campo específico da visualidade, com preferência para o tema da imagem e das correntes semióticas que trataram dela. A semiótica da imagem atraiu muitos pesquisadores, de modo que várias teorias diferentes emergiram dessa atração. Por estratégia metodológica, foram selecionadas para o capítulo as semióticas do visual que se tornaram as mais influentes, quer dizer, aquelas que encontraram e continuam encontrando muitos adeptos que delas fazem uso como meio para melhor compreender o sedutor universo das imagens. O capítulo reúne exemplos a fim de tornar as teorias mais acessíveis.

A partir disso, com a expectativa de que esta apresentação tenha despertado a curiosidade do leitor, o que posso ainda esperar é que as páginas que aqui se seguem sirvam de inspiração para que cada um conserve em si o desejo de avançar com passos próprios nesse universo de conhecimento. Para isso, muitos caminhos são sinalizados nas referências finais.

Como aproveitar
ao máximo este livro

Este livro traz alguns recursos que visam enriquecer o seu aprendizado, facilitar a compreensão dos conteúdos e tornar a leitura mais dinâmica. São ferramentas projetadas de acordo com a natureza dos temas que vamos examinar. Veja a seguir como esses recursos se encontram distribuídos no decorrer desta obra.

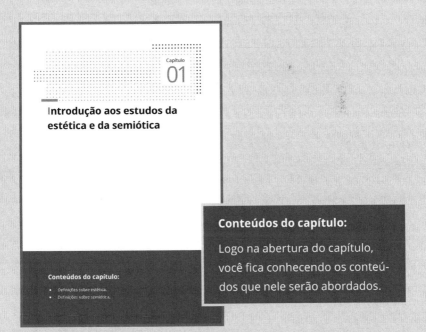

Conteúdos do capítulo:
Logo na abertura do capítulo, você fica conhecendo os conteúdos que nele serão abordados.

Estética & semiótica

Perguntas & respostas

Qual é a relação da estética com a arte e a beleza?

Na Antiguidade Clássica, as relações entre arte e beleza eram estreitas – daí se pensar a estética como teoria do belo. Entretanto, a estética é uma ciência da percepção sensível. Portanto, seu sentido vai além da beleza. Isso nos ajuda a compreender a não obrigatoriedade da beleza em uma obra de arte.

Se a semiótica é a ciência de todas as linguagens, por que ela é necessária quando existem teorias específicas para cada campo da linguagem, como teorias da publicidade e teorias do filme?

A semiótica é uma teoria geral, seus conceitos são abstratos e estão na base de quaisquer tipos de linguagem. Assim, ela mantém com as teorias específicas uma relação de diálogo. Enquanto a semiótica fornece os princípios de funcionamento dos signos, as teorias específicas evidenciam as especificidades desse funcionamento nas linguagens que elas estudam.

Por que o poder de referência do signo se mantém mesmo quando aquilo a que ele se refere é puramente imaginário?

Aquilo que constitui o signo e o faz funcionar como tal é sua relação com um objeto de referência. Pouco importa se esse objeto existe ou é imaginado. O signo continua a desempenhar

---

Perguntas & respostas

Nesta seção, a autora responde a dúvidas frequentes relacionadas aos conteúdos do capítulo.

Curiosidade

Nesta seção, você confere informações complementares e interessantes a respeito do assunto que está sendo tratado.

Curiosidade

No livro *Comunicação e pesquisa* (Santaella, 2001a), coloquei em pauta várias definições de comunicação e, ao fim, optei por aquela que me pareceu mais geral, aplicável a uma multiplicidade de fenômenos em que processos comunicacionais podem ocorrer. Para chegar a essa definição, levantei as constantes presentes nas várias definições apresentadas. *Levantar constantes* significa extrair os traços comuns entre as diferentes definições para chegar a uma definição ampla e geral de comunicação, como esta:

> [Comunicação é] a transmissão de qualquer influência de uma parte de um sistema vivo ou maquinal para uma outra parte, de modo a produzir mudança. O que é transmitido para produzir influência são mensagens, de modo que a comunicação está basicamente na capacidade para gerar e consumir mensagens. Assim definida, a comunicação, algo que muitos comunicólogos atribuem só aos humanos, já "está presente nas formas mais humildes de existência, sejam elas bactérias, plantas, animais ou fungos, além de aparecerem nas suas partes subcomponentes, tais como unidades subcelulares (por exemplo, as mitocôndrias), células, organículos, órgãos e assim por diante" (SEBEOK, 1991:22-23). Bem antes do operar no mundo macroscópico das relações sociais humanas, a comunicação já opera na microscopia dos corpos vivos". (Santaella, 2001a, p. 22)

Uma vez que o foco de interesse do presente livro está voltado para a comunicação humana, podemos deixar de lado essa

Importante!

Algumas das informações mais importantes da obra aparecem nesta seção. Aproveite para refletir sobre os conteúdos apresentados.

Para saber mais

Você pode consultar as obras indicadas nesta seção para aprofundar sua aprendizagem.

Fique atento!

Nesta seção, a autora disponibiliza informações complementares referentes aos temas tratados nos capítulos.

Síntese

Você dispõe, ao final do capítulo, de uma síntese que traz os principais conceitos nele abordados.

Página de exemplo — Fique atento!

v1 — As linguagens visuais da comunicação

Fique atento!

Gibson (1951) é um autor que restringe o termo *forma* ao universo visual, por ele analisado sob três enfoques: (1) o do universo perceptivo, que descartamos para este capítulo; (2) o das formas geométricas abstratas, que também se afasta, até certo ponto, do nosso foco; e (3) o das representações, inclusive as projeções sobre superfícies, que coincide com aquilo que aqui nos interessa, uma vez que pretendemos tratar das linguagens visuais da comunicação.

A classificação de Gibson das **formas visuais**, consideradas como **representações visuais**, é tão acurada que vale a pena conferi-las a seguir.

1.1 Forma em esboço: traçados físicos feitos com tinta, lápis ou pintura em uma superfície [...].

1.2 Forma pictórica: [...] qualquer representação de um objeto físico em uma superfície através de desenho, reprodução, pintura, fotografia ou outros meios. Isto incluiria esboços, silhuetas, vistas aéreas, desenhos de engenharia e desenhos de perspectiva, estendendo-se até as transparências, imagens projetadas em uma tela, filmes e, em síntese, toda a vasta variedade das coisas que chamamos de imagens visuais.

Página de exemplo — Síntese

Estética & semiótica

No ponto em que hoje estamos, os *games* estão incorporando algoritmos de inteligência artificial e criando parcerias com o jogador, situações antes inimagináveis (Fusaro, 2018).

Enfim, o que todas as tendências discutidas neste capítulo revelam é que a abertura dos horizontes para as estéticas da comunicação cresce tanto em extensão quanto em profundidade, exibindo uma imensa diversidade de possibilidades de realizações que caminham paralelamente, mas *pari passu* com as produções artísticas que fazem uso das tecnologias para a sua criação.

Síntese

Este capítulo apresentou as características das estéticas da comunicação antes do computador – portanto, especialmente das mídias foto-cine-videográficas. Com o advento do computador e da linguagem hipermídia que o caracteriza – quer dizer, a linguagem das misturas de todas as mídias e de todas as linguagens que as caracterizam –, surgem novos tipos de estéticas, tais como as da mixagem, das redes e as estéticas da realidade virtual e da realidade aumentada. Enfim, o computador se transformou na mídia das mídias, e novas formas de estética estão sempre surgindo.

Estética & semiótica

As estéticas da comunicação

Questões para revisão

1. Qual é a diferença entre realidade virtual e realidade aumentada?

2. O que é telepresença?

3. Os *games* se constituem em laboratórios para o avanço das linguagens tecnológicas porque:
   a) visam apenas ao lucro.
   b) as outras mídias temem os avanços das tecnologias.
   c) buscam aprimorar seus ambientes.
   d) se reduzem ao aspecto tecnológico.
   e) só interessam aos jovens.

4. Analise as afirmativas a seguir sobre a estética após o surgimento do computador.
   I) O advento do computador empobreceu a estética das mídias.
   II) A computação deu origem à linguagem hipermídia.
   III) A computação permitiu importantes evoluções no campo estético, que estão em constante renovação.

   Agora, assinale a alternativa correta:
   a) As afirmativas I e II estão corretas.
   b) As afirmativas II e III estão corretas.
   c) As afirmativas I e III estão corretas.

Questões para revisão

Com estas atividades, você tem a possibilidade de rever os principais conceitos analisados. Ao final do livro, a autora disponibiliza as respostas às questões, a fim de que você possa verificar como está sua aprendizagem.

Estudo de caso

Nesta seção, a autora apresenta situações com o objetivo de aproximar os conteúdos estudados da prática do profissional de comunicação.

Estudo de caso

A seguir apresentamos um estudo semiótico que pode funcionar como subsídio a projetos de publicidade, de performance ou de realização artística. É muito comum que tais projetos busquem análises que possam servir de base para o desenvolvimento de procedimentos estéticos. O termo *sabor* tem como referência uma qualidade que é própria da sensação e da percepção. Entretanto, um mesmo tipo de metodologia pode ser também empregado para noções mais abstratas como a exploração dos sentidos de autenticidade, nobreza, feminilidade etc.

O universo dos sentidos de sabor

1. Os variados aspectos de sabor
   1.1 Tipos básicos de sabor
      - Doce (açúcares/sacarose)
      - Salgado (sódio clorídrico)
      - Amargo (alcaloides: cafeína e quinino),
      - Azedo (ácidos e cítricos)
      Os pesquisadores estão estudando um quinto tipo básico de sabor, o unami, responsável pela detecção daquilo que é saboroso.

Capítulo

01

Introdução aos estudos da estética e da semiótica

Conteúdos do capítulo:

- Definições sobre estética.
- Definições sobre semiótica.

Este capítulo tem por objetivo levar o leitor a compreender, de modo breve, panorâmico e por meio de alguns exemplos, o que deve ser entendido por estética e, a seguir, o que deve ser entendido por semiótica. Para cumprir com esse objetivo, ambos os campos do conhecimento são aqui tratados separadamente para evitar, neste momento, que misturas precoces causem embaraços na compreensão.

Por enquanto, o que se busca, como preparação para os capítulos que se seguirão a este, é que o leitor tenha clareza sobre o que estamos falando quando estética, de um lado, e semiótica, de outro, estão em jogo. Por isso mesmo, evitam-se por ora definições muito técnicas e complexas, já que a intenção é introduzir esses dois campos como cartões de visitas que funcionem de modo convidativo para a entrada do leitor nos capítulos que virão.

1.1
O que é estética?

A estética costuma ser definida como um campo de estudos que tem por objeto o belo, ou seja, objetos e obras que encarnam a qualidade da beleza. Mas o belo não caracteriza apenas aquilo que é produzido pelo ser humano, pois a natureza também apresenta tanto os mais magníficos quanto os mais delicados exemplos de beleza. Isso faz desses traços da natureza igualmente objetos de estudo da estética.

O nome *estética* vem do grego αισθητική (*aisthésis*). No seu sentido original, significa sentir. A raiz grega *aisth*, no verbo *aisthanomai*, quer dizer "sentir". É preciso ficar claro o significado de *"sentir"* na origem grega desse verbo. Trata-se do sentir que decorre da percepção sensível. Em outras palavras, refere-se a uma reação ou a um feixe de reações que são despertadas pela sensibilização dos nossos sentidos.

Isso fica comprovado pelo uso dado à palavra quando ela foi primeiramente empregada, de modo bem-definido, no contexto filosófico no Ocidente. Foi Alexander Gottlieb Baumgarten (1714-1762), em 1735, no texto denominado *Reflexões filosóficas sobre algumas questões pertencentes à poesia*, que a concebeu como a ciência da percepção em geral. Em obra posterior, *Aesthetica*, esse autor detalhou sua ideia, definindo essa ciência da percepção como sinônimo de "conhecimento através dos sentidos" (Santaella, 1994). Ora, é na beleza que a perfeição da cognição sensitiva encontra o seu objeto próprio. Desde então, a aliança entre a ciência do sensível e a beleza ganhou força e atravessou séculos.

Guardando para o Capítulo 4 os passos históricos que a estética foi dando na filosofia e na arte, há duas perguntas que nos intrigam de imediato. Por que a estética e a beleza se uniram? Por que essa união encontrou na arte seu solo privilegiado de

Introdução aos estudos da estética e da semiótica

realizações, gerando um amplo espectro de teorias no segmento da filosofia da arte?

Comecemos pela discussão sobre *beleza*. Esse é um substantivo que expressa uma característica – ou um feixe de características – de algo que é considerado belo. É importante chamar atenção para a ausência de universalidade daquilo que é considerado belo, pois inegavelmente existem padrões históricos e culturais para a beleza. O que uma cultura em determinado ponto da história toma como padrão de beleza pode não ser adotado por outra cultura no mesmo ou em outro momento histórico. Mesmo que se leve isso em consideração, deve haver algo em comum naquilo que recebe a designação de *belo* para que se possa definir, afinal, o que é beleza.

Com toda a sua majestosa erudição acompanhada da imaginação de que dispunha e com o auxílio de colaboradores, Umberto Eco (2004) editou um extraordinário compêndio sobre a história da beleza, com abundância de exemplos imagéticos na arte e na escultura, muitas citações de filósofos e escritores de cada época, além de tabelas comparativas. É certo que, algum tempo depois, também publicou *A história da feiúra* (Eco, 2007). De qualquer modo, o que nos interessa agora é definir aquilo que chamamos de *belo* e por que assim o chamamos, sem esquecer que Kant, como será visto no Capítulo 4, dedicou toda a sua terceira crítica, *a crítica do juízo*, justamente a essa tarefa. Portanto, o que buscamos aqui é uma resposta mais simples e satisfatória, para que possamos compreender por que a estética esteve e continua tão intimamente ligada às questões da beleza.

Seguindo os passos do livro editado por Eco, podemos verificar que a beleza tem uma longa história que atravessa um grande número de temas, entre os quais se destacam o ideal de beleza da Antiguidade, a beleza como proporção e harmonia, a luz e a cor na Idade Média, a beleza dos monstros, a razão e a beleza, o sublime, a beleza romântica e a religiosa, a beleza das máquinas até a beleza das mídias. O espectro é variado, bem-documentado e exaustivo, constituindo-se como uma documentação inestimável para aqueles que querem se aprofundar no tema da estética e sua relação indissolúvel com a beleza.

Não é por acaso que Alexander Baumgarten, quando fundou a estética como ciência, encontrou no belo o objeto mais adequado para o tipo de conhecimento que é produzido pela rede de sensações que se mesclam na percepção. De fato, não há como negar que se encontram na beleza os estímulos mais privilegiados capazes de despertar sensações perceptivas significativas. Mesmo que haja distinções histórico-culturais nos padrões considerados belos, quaisquer que sejam os padrões, eles assim se estabelecem porque, de um modo ou de outro, provocam efeitos sensíveis que exaltam a percepção. Disso se pode concluir que a estética ficou atada à beleza encarnada justamente pela irresistível atração que esta exerce sobre os sentidos. Todos nós temos repetidas experiências de demora exclamativa da percepção diante de situações naturais ou de objetos e obras produzidas que dilatam nossa sensibilidade justamente pelas características qualitativas que apresentam e que, exatamente por isso, chamamos de *belas*.

Considerando o que aí está exposto, podemos verificar que a beleza se define por conter dois elementos interconectados: as **qualidades** presentes no objeto chamado *belo* e **os efeitos na sensibilidade perceptiva** que essas qualidades são capazes de despertar. Um não pode ser separado do outro, quando se pretende definir a beleza. Isso nos faz compreender por que a noção de estética ligada à beleza se espalhou por muitos campos da cultura, não se restringindo à natureza e à criação de obras e objetos considerados belos.

De fato, hoje a palavra serve para designar não só as filosofias do belo e a elegância de uma fórmula matemática, por exemplo, mas também, na perda de seu cetro filosófico, o termo *estética* serve igualmente para se referir a clínicas e institutos para tratamento de beleza. E isso não é necessariamente criticável já que, de fato, tais situações têm como objetivo melhorar a aparência física das pessoas a fim de aproximá-las de um padrão de beleza culturalmente convencionado.

Entretanto, não se pode negar que é na arte e no *design* que a beleza encontrou sua morada mais privilegiada. Com isso, podemos passar para a segunda questão: Por que isso se deu?

A beleza se define por conter dois elementos interconectados: as **qualidades** presentes no objeto chamado *belo* e **os efeitos na sensibilidade perceptiva** que essas qualidades são capazes de despertar.

Antes de tudo, é necessário considerar que foi forjado no Renascimento aquilo que se convencionou chamar de arte no Ocidente, uma concepção que ainda domina em certos círculos, muitas vezes de leigos no assunto. Foi apenas nesse período que a arte se instituiu como um campo de produção humana específico, adquirindo certa autonomia, inclusive com o surgimento da figura do artista como agente produtor da arte. Deu-se, então,

a codificação não só dos sistemas artísticos visuais – o desenho, a pintura, a gravura, a escultura e a arquitetura – quanto também da música, prenunciando o desenvolvimento histórico do tonalismo. Foi nesse período que a arte se desprendeu da sua dependência religiosa. Ao se soltar dos murais, paredes e interiores das igrejas, a arte passou a requerer locais para a sua exposição, manutenção e preservação. Para isso, surgiram os museus e a consciência da necessidade de documentação em escritos que foram dando corpo à história da arte. (Santaella, 2009, p. 134)

Em suma, quando falamos de arte no Ocidente é dentro desse território que as pessoas costumam situar a referência. Essa consideração é fundamental para se compreender a relação da estética e a de sua filha considerada mais legítima, a beleza, com a arte. Entre os pontos caracterizadores da retomada de princípios da Antiguidade Clássica (greco-romana) pelo Renascimento, está a identificação da proporção – ou seja, o equilíbrio das formas – como ideal da beleza. Esse ideal tomou conta da arte ocidental por séculos, com algumas exceções de artistas ousados pelo caminho, até a entrada da arte moderna, no século XIX.

Como foi bem lembrado por Eco (2004, p. 61), tornou-se uma consideração de senso comum o julgamento de algo bem proporcionado como belo. É certo que a proporcionalidade deve vir acompanhada pelo prazer das cores e das variações de luzes para incrementar o senso da beleza. A força da proporção é também aquilo que alia a beleza à ideia de perfeição. Só é perfeito porque não apresenta nenhuma mácula na regularidade das proporções.

Tais considerações nos ajudam a perceber a aliança que se estabeleceu entre a estética, a beleza e a arte. Entretanto, essa aliança, embora poderosa durante alguns séculos, é datada. A conjuntura não era a mesma na Antiguidade Clássica, também era distinta na Idade Média e se tornou sumariamente diferente desde o Modernismo até os nossos dias, conforme será detalhado no Capítulo 4.

De todo modo, foi a inegável tríplice aliança estética-beleza-arte, mesmo não sendo eterna, que levou a estética a ser considerada como um ramo da filosofia voltado para a investigação dos traços essenciais da beleza e, por acréscimo, a definir como esses traços se manifestam na arte. Mais do que isso, essa aliança investiga como a apreensão desses traços resulta naquilo que passou a ser chamado de *efeito estético*, ou seja, um tipo de efeito sensório capaz de provocar uma espécie de conhecimento sob o domínio do sensível. Refere-se, portanto, a um conhecimento capaz de educar a sensibilidade.

Embora durante séculos a educação da sensibilidade pela arte tenha se dado pautada na beleza, quando esta deixou de ter presença obrigatória na arte, não levou consigo o poder da arte para a educação dos sentidos e da sensibilidade. Entre outras funções que, porventura, podem caber à arte, regenerar a percepção deve ser uma de suas tarefas primordiais. É uma tarefa que a arte mantém porque sempre existe nela algo que desloca o

Introdução aos estudos da estética e da semiótica

intérprete de sua situação de conforto, há sempre nela uma espécie de desvio que leva a uma mudança de hábitos perceptivos.

Nem sempre a apreensão da beleza é transformadora. No mais das vezes, esse tipo de apreensão tende a se esgotar em uma exclamação admirada. Contudo, mesmo quando esteve voltada para o privilégio da beleza, sempre houve na arte um algo mais, um convite à compreensão que dá prosseguimento à admiração. É por isso que a filosofia estética nunca esteve voltada apenas para os sentimentos e emoções, mas também para as **ideias** e os **julgamentos** que a contemplação e a observação das obras provocam. Com isso, começamos a penetrar em temas que serão tratados no Capítulo 4.

1.2
O que é semiótica?

Eis aí uma questão cuja resposta não é tão simples como se gostaria. Se afirmarmos, por exemplo, que a semiótica é uma ciência ou um campo de estudos que tem por objeto **todos os tipos de linguagens**, deveremos esclarecer que, quando usamos o termo *linguagem*, não estamos nos referindo estritamente às linguagens verbais. Estas são estudadas pela linguística, uma ciência que é meia-irmã da semiótica, mas distinta dela, pois a semiótica estuda todos os tipos de linguagens – verbais, sonoras e visuais –, em todas as suas variedades e em todas as suas misturas: canto, dança, rituais, mímica, música, teatro, circo, pintura, desenho, escultura, música instrumental e escrita, linguagem verbal falada e escrita, linguagens literárias, gráficos, mapas, fotografia, cinematografia, rádio, imagens televisivas e suas misturas com os diálogos e sons, vídeo e, agora, todas as mesclas de linguagens que aparecem nas telas de nossos computadores, *tablets* e *smartphones*. Essa sequência de linguagens é interessante porque serve para nos indicar que as linguagens estão crescendo no mundo, assunto que será devidamente tratado no Capítulo 2.

Devemos assinalar que o campo é imenso e extremamente complexo. Quando tratamos todas as regionalidades desse campo como linguagens, nós lusófonos temos a sorte de utilizar o sistema linguístico do português que, como as outras línguas românicas – o francês, o italiano e o espanhol, por exemplo –, tem no seu vocabulário duas palavras distintas: *língua* e *linguagem*. Enquanto a primeira diz respeito à língua materna, a segunda pode ser utilizada de modo generalizado para qualquer sistema que serve para a comunicação dos mais variados tipos entre os seres humanos. Uma língua como o inglês, por exemplo, só tem uma palavra, *language*, para cobrir esse território semântico que o português cobre com duas palavras. Portanto, em inglês, jamais poderíamos dizer que a semiótica é uma ciência de todos os variados tipos de "*language*".

Um questionamento que pode surgir na definição anteriormente enunciada de semiótica é que já existem campos de estudos dedicados especificamente a cada uma das linguagens que foram citadas como objetos de estudos dessa ciência. Por exemplo, existem teorias especializadas sobre o teatro, sobre a dança e assim por diante. Isso significa que a semiótica está entrando em seara alheia para usurpar funções que não lhe pertencem? Podemos afirmar que não. Isso porque a semiótica tem uma função muito mais genérica do que as teorias específicas de cada linguagem. Que função genérica é essa? O interesse da semiótica é compreender quais processos existentes nas linguagens as capacitam para significar, serem interpretadas e produzir sentido para o ser humano. Para a semiótica, devem existir princípios comuns a todas as linguagens que possibilitam a cada uma à sua maneira desempenhar a função de significar, de permitir os intercâmbios de sentido entre os seres humanos.

Diferentemente da psicanálise, a qual teve um único genitor, Sigmund Freud, e, então, seus seguidores e dissidentes, a semiótica teve várias paternidades, contamos com várias correntes, que serão delineadas detalhadamente no Capítulo 6. A menção a isso é feita aqui porque, embora os objetivos das distintas **correntes de semiótica** sejam bastante similares, cada uma delas parte de uma definição técnica relativamente diferente. Existem, inclusive, dois nomes – *semiótica* e *semiologia* – para designar esta ciência; porém, dos anos 1980 em diante, acabou por fixar-se o termo *semiótica*.

De qualquer maneira, tanto *semiologia* quanto *semiótica* derivam da mesma raiz grega, *semeion*, que quer dizer "signo". Por aí se vê como são equivocadas as brincadeiras feitas com o nome *semiótica*, dizendo que se trata de uma "ótica pela metade". Isso é fruto de um puro desconhecimento da etimologia da palavra, já que *semi*, nesse contexto, deriva de *signo* e, portanto, nada tem a ver com *metade*. Em razão da raiz *signo* que está contida na palavra, na maioria das correntes da semiótica ela é definida como uma doutrina, ciência ou teoria dos signos. É por isso que aquilo que antes foi chamado de *linguagem* pode também ser chamado de *signo* – por exemplo, signos musicais, signos teatrais e signos verbais.

De modo geral, como a entidade *signo* é definida? Esse é objeto de outro equívoco: a confusão entre semiótica e astrologia.

> Na maioria das correntes da semiótica ela é definida como uma doutrina, ciência ou teoria dos signos.

Sim, esta trabalha com signos que lhe são específicos. Contudo, o que a ciência semiótica busca é uma definição geral de signo.

Segundo alguns estudiosos, os medievais já definiam *signo* como "algo que está para algo". Isso quer dizer que todo signo remete a algo, está no lugar de algo, substitui algo. Entretanto, isso não basta

Introdução aos estudos da estética e da semiótica

para definir o signo, pois estão faltando aí as possíveis consequências de quando algo remete a algo outro. Ainda nos medievais podemos encontrar uma definição mais completa, a qual nos mostra que, na definição incompleta anterior, está, na realidade, faltando uma perna. Assim, ao **remeter** a algo, o signo **produz** também algo, uma impressão na mente de um possível intérprete (aquele que recebe o signo). Há, portanto, três elementos: (1) o signo, (2) aquilo a que ele se reporta e a (3) impressão que, nesse reenvio a algo, o signo produz em uma mente que o recebe. Logo, essa definição triádica do signo já existe desde a Idade Média (Nöth; Santaella, 2017, p. 8). Passemos a alguns exemplos.

A palavra *gato*, o desenho de um gato, a fotografia de um gato, o vídeo de um gato, uma história sobre um gato de estimação, um filme sobre um garoto e seu gato são todos signos de gato, cada qual se referindo ao gato à sua maneira. Pode ser um mesmo gato, mas a foto de um gato é diferente de um vídeo desse gato, pois cada linguagem ou sistema de signos remete àquilo a que se refere com os meios que tem. Ora, embora o referente seja o mesmo gatinho amado, cada uma dessas linguagens irá provocar uma impressão relativamente diferente quando um intérprete receber esse signo. Um vídeo pode ter mais vida do que uma foto, mas uma foto, por sua vez, pode ter uma aura, um mistério que o vídeo não tem. Enfim, cada linguagem faz o seu papel com o melhor que tem.

O que é importante evidenciar é que "estar no lugar de" não deve ser entendido como se o signo tomasse o lugar daquilo a que ele se refere e que comumente é chamado de *referente do signo*. "Estar no lugar de" quer dizer que, para chegar à mente de um intérprete, o gatinho, que não está diretamente presente na vivência desse intérprete, necessita de um ou mais intermediários. O intermediário é o signo. Para apresentar meu gato ou qualquer outro ser da minha intimidade a você, tenho que lhe mostrar uma foto, ou fazer um desenho ou, ainda, falar sobre esse ser. Isso significa que o referente do signo não precisa necessariamente desaparecer porque está referido por um signo. O gatinho, no caso, continua lá, vivo ou morto, pois, no caso de estar morto, apenas significa que um dia esteve lá.

É bastante óbvio que aquilo que é referido pelo signo, por não estar diretamente presente na vivência do intérprete, precisa desse signo, seja ele de que tipo for – discuro, imagem etc. – para chegar à mente desse intérprete. O que não é tão óbvio é que, mesmo quando o intérprete não está diretamente diante de qualquer coisa, objeto, ser ou situação, o signo também se faz necessário, pois o que chega à sua mente não é a própria coisa, mas, sim, a impressão que ela provoca em seu sistema perceptivo. Como isso é um tema mais complicado, não será tratado neste momento.

Por ora, podemos analisar o fato de ser possível inventar uma história sobre um gato ou qualquer outra situação que nunca existiu e que é extraída diretamente da imaginação. A história resultante é também um signo que, de fato, desempenha a sua função sígnica porque se reporta à imaginação de onde a história é extraída e, então, é composta para ser comunicada por meio de signos verbais. Assim, alguém poderia engendrar um relato sobre ter visto um maravilhoso gato, todo branco, cujos longos pelos serviam de asas, enquanto ele descia flutuando da árvore para o solo. Embora não tenha nenhuma correspondência com fatos, essa história ainda assim funciona como signo. Ela tem um referente, o gato branco, e ela produz alguma impressão na mente do intérprete que a ouve, não obstante isso não passe de uma ficção. Todavia, é de modo semelhante, mas distinto ao mesmo tempo, que funcionam as mentiras. Elas também são signos, mas de um tipo especial, ou seja, entre o signo e o referente não há qualquer correspondência de fato, pouco importa se a mentira é inconsequente ou se ela é proferida em prol de interesses espúrios. Por exemplo, para não se comprometer, alguém diz que não estava em dado lugar, em dada situação. Qual é a diferença, então, entre uma ficção e uma mentira? A ficção não pretende manter qualquer correspondência com os fatos, já a mentira se reporta a fatos, distorcendo-os. Por isso, uma mentira pode ser investigada, e a imaginação tem sua liberdade.

Outro aspecto bastante relevante sobre os signos de linguagens é que eles não se limitam necessariamente à da cultura humana. É certo que a cultura humana só funciona porque se constitui como uma malha de signos responsáveis pela comunicação (comentaremos mais sobre isso no Capítulo 9). Entretanto, os signos não são privilégios exclusivos do humano. A natureza está prenhe de signos e os emite o tempo todo. O céu carregadamente escuro emite o signo – neste caso, chamado de *sinal* – de que a chuva está próxima.

Quando a neve cai, é sinal de que a temperatura está perto ou abaixo de zero. O mundo vegetal também manda sinais o tempo todo. Bosques amarelados e cor de ferrugem informam que é outono. Plantas decaídas podem estar enviando a informação de que sentem falta de água. Formigas, cupins e abelhas socializam-se por meio de sistemas complexos de comunicação que são, no mais das vezes, olfativos e táteis. Pássaros se comunicam por meio do canto. Cachorros são domesticados porque aprendem a perceber signos que vêm dos humanos. O corpo humano e dos animais funciona executando processos internos regidos por reconhecimento de sinais. Quando não está funcionando corretamente, o organismo envia sinais para o exterior, os mais comuns dentre eles são a dor e a febre. Médicos e veterinários fazem diagnósticos levando em consideração esses sinais que são emitidos pelo corpo doente.

Perguntas & respostas

Qual é a relação da estética com a arte e a beleza?

Na Antiguidade Clássica, as relações entre arte e beleza eram estreitas – daí se pensar a estética como teoria do belo. Entretanto, a estética é uma ciência da percepção sensível. Portanto, seu sentido vai além da beleza. Isso nos ajuda a compreender a não obrigatoriedade da beleza em uma obra de arte.

Se a semiótica é a ciência de todas as linguagens, por que ela é necessária quando existem teorias específicas para cada campo da linguagem, como teorias da publicidade e teorias do filme?

A semiótica é uma teoria geral, seus conceitos são abstratos e estão na base de quaisquer tipos de linguagem. Assim, ela mantém com as teorias específicas uma relação de diálogo. Enquanto a semiótica fornece os princípios de funcionamento dos signos, as teorias específicas evidenciam as especificidades desse funcionamento nas linguagens que elas estudam.

Por que o poder de referência do signo se mantém mesmo quando aquilo a que ele se refere é puramente imaginário?

Aquilo que constitui o signo e o faz funcionar como tal é sua relação com um objeto de referência. Pouco importa se esse objeto existe ou é imaginado. O signo continua a desempenhar sua função, mesmo quando representa seu objeto falsamente, como o faz a mentira.

Em suma, o universo semiótico é bem mais amplo do que se pensa. Entretanto, uma vez que este livro é dedicado às relações da semiótica com a comunicação humana, em alguns dos capítulos que se seguem a este, restringiremos nossa análise a esse campo que, aliás, já é, por si só, imensamente rico e cuja exploração promete trazer muita aprendizagem sobre as bases de funcionamento das sociedades humanas.

Importante!

Nem todas as correntes semióticas definem o signo como o objeto de estudo dessa ciência. Embora signos estejam sempre envolvidos, pois, sem eles, não existiria comunicação possível, a semiótica de linha francesa, especificamente a semiótica proveniente da obra de Algirdas J. Greimas, não toma o signo como unidade mínima da semiótica. A rigor, essa linha teórica se opõe à concepção da semiótica como uma teoria dos signos. Em lugar disso, está voltada para o estudo do processo gerativo do sentido. *Sentido* e *significação* não são sinônimos. Sentido (*sense*) é "aquilo que é anterior à produção semiótica, e significação é o sentido articulado" (Greimas; Courtés, 1979, citados por Cardin, 2004, p. 90).

Para entender como a significação é produzida, a análise deve se situar tanto abaixo quanto acima do signo (Greimas; Courtés, 1979). O modelo adotado para o processo gerativo do sentido baseia-se "na ideia de que uma estrutura narrativa e uma lógica elementar se manifestam em qualquer tipo de texto" (Nöth; Santaella, 2017, p. 187). De acordo com Nöth (1996, p. 167), o "processo gerativo começa num nível profundo, com estruturas elementares, e se estende a estruturas mais complexas em níveis mais elevados". Todo esse processo é bastante complexo e não cabe explicitá-lo neste capítulo, que tem por função apenas situar o leitor em um panorama que lhe permita entender o que está envolvido quando se fala em semiótica.

O que importa deixar claro neste momento é que, apesar de usar repetidamente a terminologia *texto* e, especialmente, *discurso*, a corrente greimasiana da semiótica não se limita ao estudo do texto verbal. Ela também se espraia para o campo do espaço, da arquitetura, da literatura, da música, da pintura, também da teologia e das ciências sociais em geral.

Importante!

Outras correntes da semiótica serão vistas no Capítulo 6. Porém, elas fazem uso do conceito de signo, o que é uma constante desde o medievalismo. A teoria greimasiana foi aqui mencionada na sua especificidade por seu contraste em relação a essa constante.

Síntese

Este capítulo apresentou os conceitos gerais da estética e da semiótica para introduzir o leitor nesses temas. Os conceitos foram acompanhados de comentários destinados a trazê-los para mais perto da realidade empírica. Isso foi complementado com o uso de exemplos.

Questões para revisão

1. O que é estética?

2. O que é semiótica?

3. É correto afirmar que a estética tem por objetivo:
   a) apenas as obras de arte criadas pelo ser humano.
   b) apenas os artefatos criados pelo ser humano.
   c) apenas os objetos belos.

Introdução aos estudos da estética e da semiótica

    d)   aquilo que é belo na natureza e nos objetos humanos.

    e)   tudo aquilo que desperta a apreensão sensível no humano.

4.   Não é simples explicar o que é semiótica porque:

    a)   a semiótica é uma ciência muito antiga.

    b)   as correntes da semiótica são contraditórias.

    c)   seus objetivos são confusos.

    d)   o universo das linguagens é extenso e diversificado.

    e)   as linguagens não podem ser descritas.

5.   Sobre a linguística e a semiótica, é correto afirmar que:

    a)   ambas têm os mesmos objetivos.

    b)   a semiótica é uma ciência que depende da linguística.

    c)   a semiótica é uma ciência mais ampla do que a linguística.

    d)   a linguística é uma ciência que depende da semiótica.

    e)   são ciências que não têm nada em comum.

Capítulo

02

As linguagens e as transformações da comunicação

Conteúdos do capítulo:

- Processos de comunicação.
- Signos e linguagens.

As linguagens e as transformações da comunicação

O objetivo deste capítulo é apresentar e discutir as diversas formações culturais, baseadas em processos de comunicação, as quais foram se desenvolvendo ao longo dos séculos. Partindo de uma espécie de axioma – que o capítulo visa esclarecer – de que não há cultura sem comunicação, assim como não há comunicação sem signos ou linguagens, o que a passagem dos séculos evidencia é a infinita capacidade humana de produzir linguagens e, por meio delas, cada vez mais, ir diversificando e multiplicando nossos modos de comunicar. Se a semiótica é a ciência dos signos, qual é o seu objeto de estudo senão a diversidade de signos que foram crescendo até povoar a contemporaneidade com malhas espessas e densas de misturas de signos?

Para começar, é recomendável clarificarmos o que é **comunicação**. O cientista, filósofo e lógico norte-americano Charles S. Peirce (1839-1914) desenvolveu uma ética da terminologia, na qual aconselhava que devemos deixar bem claro o sentido que estamos dando às palavras que usamos. Certamente, isso não é necessário nas conversações cotidianas. Entretanto, quando se trata de textos em que buscamos colocar temas em discussão, o esclarecimento torna-se necessário, pois, na maior parte das vezes, os desentendimentos e as discórdias até mesmo inciviliza-das decorrem do fato de que aqueles que estão envolvidos em dado diálogo usam, sem se dar conta disso, as mesmas palavras com sentidos muito distintos. Desse modo, a discussão fica, de saída, corroída por sua própria impossibilidade.

Curiosidade

No livro *Comunicação e pesquisa* (Santaella, 2001a), coloquei em pauta várias definições de comunicação e, ao fim, optei por aquela que me pareceu mais geral, aplicável a uma multiplicidade de fenômenos em que processos comunicacionais podem ocorrer. Para chegar a essa definição, levantei as constantes presentes nas várias definições apresentadas. *Levantar constantes* significa extrair os traços comuns entre as diferentes definições para chegar a uma definição ampla e geral de comunicação, como esta:

> [Comunicação é] a transmissão de qualquer influência de uma parte de um sistema vivo ou maquinal para uma outra parte, de modo a produzir mudança. O que é transmitido para produzir influência são mensagens, de modo que a comunicação está basicamente na capacidade para gerar e consumir mensagens. Assim definida, a comunicação, algo que muitos comunicólogos atribuem só aos humanos, já "está presente nas formas mais humildes de existência, sejam elas bactérias, plantas, animais ou fungos, além de aparecerem nas suas partes subcomponentes, tais como unidades subcelulares (por exemplo, as mitocôndrias), células, orgúnculos, órgãos e assim por diante" (SEBEOK, 1991:22-23). Bem antes de operar no mundo macroscópico das relações sociais humanas, a comunicação já opera na microscopia dos corpos vivos". (Santaella, 2001a, p. 22)

Uma vez que o foco de interesse do presente livro está voltado para a comunicação humana, podemos deixar de lado essa

As linguagens e as transformações da comunicação

expansão da comunicação para o campo microscópico dos corpos vivos. O título deste capítulo já direciona para aquilo que aqui se pretende desenvolver: as relações da comunicação com as linguagens, ou seja, aquilo que os antropólogos gostam de chamar de *universo simbólico humano*. Entretanto, uma vez que o símbolo é apenas um tipo entre outros de signos produzidos pelo ser humano, damos aqui preferência à generalidade da palavra *linguagens*.

Toda a obra de Umberto Eco, tanto na área da comunicação quanto da semiótica – consulte, especialmente, a obra *As formas do conteúdo* (Eco, 1974) –, está baseada na ideia de que não há cultura sem comunicação, assim como não há comunicação sem signos. Acrescento a essas equações que também não há linguagem ou signo que possa dispensar um suporte ou meio em que se corporifique. Em razão desses princípios, a comunicação passa a ser vista como inseparável tanto do sistema de linguagem em que se estrutura quanto do suporte físico específico no qual essa estrutura toma corpo. Nas teorias da comunicação mais tradicionais, o suporte físico era chamado de *canal*, quer dizer, o meio por onde as mensagens passam para serem comunicadas. Algum tempo depois, a terminologia *canal* foi substituída por *meio de comunicação*. Hoje, ou melhor, desde o advento do mundo digital e da multiplicação dos processos comunicacionais via computador, os meios passaram a ser chamados de mídias.

Para compreender as condições atuais arquicomplexas da comunicação, em que diferentes mídias convivem, afastam-se, aproximam-se e misturam-se criando malhas muito densas de linguagens, tenho defendido que precisamos atravessar um arco-íris histórico muito amplo e retroceder nele até o momento em que os primeiros processos de comunicação e sociabilidade humana ocorreram, para encontrar neles o embrião daquilo que é o cerne da comunicação, de seus elementos constituintes e das relações entre eles. Com isso, é possível perceber como se dá o processo evolutivo, as transformações pelas quais a comunicação foi passando no decorrer do tempo.

> Não há cultura sem comunicação, assim como não há comunicação sem signos. Não há linguagem ou signo que possa dispensar um suporte ou meio em que se corporifica

É comum encontrar autores que utilizam esses mesmos princípios quando estabelecem divisões que partem da oralidade, seguem para a escrita e, finalmente, chegam ao mundo de comunicação de massas. Esse é o caso de McLuhan (1969, 1972), por exemplo. Seguindo na mesma linha, mas privilegiando as linguagens como núcleos irradiadores da comunicação, cheguei àquilo que chamo de *seis eras culturais*, nas quais a cultura se explica segundo os processos dominantes de linguagem e, consequentemente, de comunicação em cada uma dessas eras, a saber:

As linguagens e as transformações da comunicação

1. oralidade;
2. escrita;
3. universo de Gutenberg;
4. era da reprodutibilidade técnica e dos meios eletrônicos;
5. fase dos *gadgets*;
6. era digital.

Outros autores, além de McLuhan, também trabalham com divisões de eras culturais e comunicacionais. Pierre Lévy (1994), por exemplo, divide as eras em (1) oralidade primária, (2) escrita e era da (3) informática. Além de mais ampla, em relação a ambos, minha divisão coloca a sua ênfase na fonte primeira de todos os processos comunicacionais, ou seja, no **tipo de sistema de linguagem** que os torna possíveis. Afinal, o ser humano é constituído pela linguagem. É o único animal na biosfera que fala, tendo desenvolvido, em virtude disso, uma simbiose entre a fala e a inteligência que lhe é própria. Por essa razão, não é difícil perceber que todos os desenvolvimentos dos processos comunicacionais e culturais humanos foram gradativa e sistematicamente estendendo e multiplicando as faculdades que eram exclusivas da oralidade primária.

São esses desdobramentos que as seis eras comunicacionais e culturais tornam compreensíveis, como exposto a seguir.

2.1
Seis formações comunicacionais e culturais

Em várias outras publicações sobre o tema (por exemplo, Santaella, 2003), intitulamos as passagens gradativas e ininterruptas de crescimento e complexificação da capacidade humana de se comunicar como *eras culturais*. Chamo atenção para o fato de que, seguindo McLuhan, os meios de comunicação empregados, os tipos de linguagens que eles fazem circular e a diversidade de mensagens que possibilitam seus intercursos sociais, porque moldam modos de pensar, sentir e agir, são capazes de criar novos ambientes socioculturais em todas as suas esferas, econômicas, políticas e culturais (McLuhan, 1969).

Antes de entrarmos na discussão sobre cada uma das eras anteriormente enunciadas, é necessário ressaltar outro aspecto que a denominação *eras culturais* não deve levar ao equívoco de se pensar em fases que vão substituindo umas às outras. Não se trata de uma periodização linear. Para evitar esse equívoco, podemos chamar as eras de *formações culturais,* uma denominação mais adequada ao propósito de criar a ideia de que uma nova formação comunicativa e cultural vai se integrando à anterior, aumentando cada vez mais a complexidade dos processos comunicacionais. O desaparecimento de alguns apetrechos que fazem parte de uma era não significa que tenha desaparecido

As linguagens e as transformações da comunicação

a lógica pela qual essa era responde. Pensemos, por exemplo, no telégrafo e no fax. O primeiro pertenceu à era mecânica, e o segundo, à eletrônica, mas, ao desaparecerem ou ao serem substituídos por equipamentos mais eficazes, não levaram consigo todos os elementos constitutivos da era de que fizeram parte.

Conforme será devidamente explicitado neste capítulo, a cultura humana funciona cumulativamente. Por acaso o ser humano deixou de falar, de conversar porque a imprensa levou a linguagem escrita à explosão? Deixamos de usar caneta e papel porque temos à nossa disposição um *tablet*? O que realmente acontece é uma refuncionalização constante das eras anteriores quando novos aparatos comunicacionais aparecem. O fato de os meios de comunicação mais atuais ficarem na superfície mais visível da cultura não quer dizer que os meios de comunicação e de formação cultural anteriores tenham desaparecido. Isso se torna muito evidente hoje, quando os celulares se tornaram aderências corporais, sem os quais se tornou difícil viver e conviver. Embora pareçam muito invasivos, esses dispositivos estão apenas absorvendo boa parte das funcionalidades dos meios de comunicação que vieram antes deles. Por isso, são tão enfaticamente criticados pelas gerações mais velhas que sentem nostalgia dos tempos em que, para conversar, as pessoas precisavam contar com a presença física dos seus interlocutores. O ser humano ainda precisa do face a face, mas bem menos do que antes.

Com mais ênfase, Kerckhove (1997, p. 220) dizia que, quando surge uma nova tecnologia de comunicação, ela inicia uma batalha contra a cultura existente. Embora, de fato, algo como uma batalha se instaure, até agora não testemunhamos o desaparecimento de nenhuma era cultural. Prova disso encontra-se atualmente na permanência e no florescimento das publicações de livros impressos em papel, não obstante PDFs, *e-books* e inclusive bastante confortáveis para a leitura, como o Kindle. Longe de substituições, o que ocorre é mais um processo de imbricamento, de misturas, o qual Poster (1995) chama de *multiplexidade*.

Após esses sinais de alerta, podemos passar à discussão das eras culturais.

∴ Cultura oral ou oralidade primária

Todo processo de comunicação implica, pelo menos, quatro fatores: (1) os meios que são utilizados para que a linguagem seja produzida; (2) os meios e os modos de armazenamento para a conservação da linguagem produzida que, muitas vezes, são chamados de *memória, os guardiões da memória*; (3) os meios e os modos de distribuição e difusão daquilo que é produzido; e (4) os meios e modos de recepção. Esses quatro fatores estão na base da descrição do funcionamento, da maneira como opera cada uma das eras culturais.

No caso da oralidade primária, o meio de produção de linguagem é o aparelho fonador, inseparável do cérebro como fonte produtora da linguagem. Ferdinand de Saussure (1969) apresenta uma passagem muito didática, inclusive com imagem (Figura 2.1), sobre como funciona o circuito da fala.

Figura 2.1 – O circuito da fala segundo Saussure

Fonte: Saussure, 1969, p. 19.

A figura mostra que, partindo do cérebro, a fala é articulada no aparelho fonador; este é o seu meio de **produção**. O ar por onde passam as vibrações da fala é o meio de **transmissão** e o ouvido daquele que recebe o som é o meio de **recepção**. O que caracteriza uma conversação é que os papéis de quem emite e de quem recebe podem ser e, de fato, são trocados repetidamente; caso contrário, não haveria conversação. Onde está, neste caso, o meio de armazenamento? Está na **memória** dos indivíduos.

Com isso em mente, podemos imaginar uma sociedade tribal para a qual a fala é o único aparato de comunicação. É claro que mesmo nessas sociedades existem outras modalidades de linguagens, como a pintura dos corpos, o canto, a dança, os tambores, os rituais. Todas elas, como podemos ver, são dependentes daquilo que o corpo proporciona como meio produtor. Por isso, são sociedades que convivem em aldeias nas quais todo processo de transmissão da comunicação só funciona na presença dos corpos, como na dança, no canto em roda, na fala em círculos. São sociedades da **corporalidade**, da potência do corpo, do rosto e da voz, especialmente da fala para a transmissão das narrativas míticas de uma geração a outra. O mito é composto de narrativas que têm por função congregar os membros de uma comunidade em representações de mundo comuns. É preciso encontrar modos de compreensão do mundo – neste caso, das inexplicáveis forças naturais, do enigma da vida e da morte, das fragilidades humanas diante do imponderável. O mito responde a tudo isso pela criação de histórias povoadas de deuses que exorcizam o medo e a insegurança (Campbell, 1990).

Há uma relação íntima entre o mito e os seus rituais de celebração. É através dos ritos, quer dizer, de um feixe de meios de expressão, como a narrativa, os gestos, os símbolos, os comportamentos ciclicamente repetidos, que o mito é encenado (Campbell, 1990). A narrativa mítica e os rituais são meios integradores que dependem da transmissão de uma geração a outra, tudo em perfeita coesão. No entanto, o meio de conservação dessa tradição, a memória, é guardada no cérebro dos membros mais velhos. Trata-se, portanto, de um tipo de memória perecível, pois ela vai embora com a morte dos indivíduos responsáveis pela preservação da tradição. É por isso que, em comunidades desse tipo, a cada geração, tudo recomeça e, em consequência, tudo se repete, sem transformação.

Isso somente se modificou com o advento da escrita (e do papel). Esta passaria a desempenhar justamente a substituição de memórias mortais por meios mais duráveis de memória.

∴ A escrita: entre o verbo e a imagem

As primeiras formas de escrita, que circularam entre os sumérios e outras civilizações antigas, começaram a quebrar pouco a pouco o aparente círculo virtuoso da oralidade. Foram muitas as formas de escrita cuneiformes, ideográficas, pictográficas que antecederam e que foram contemporâneas da escrita alfabética. Trata-se de um mundo cheio de nuanças que não serão tratadas aqui, pois o que nos importa, para a passagem da era da oralidade para a da escrita, é o grande salto cultural que se deu quando o código alfabético foi implantado no mundo grego. Isso produziu mudanças substanciais nos quatro fatores – produção, memória, distribuição e recepção – que estão implicados no processo comunicativo.

O traço transformador mais importante encontra-se no meio de conservação, a saber, a memória. Isso é discutido, por exemplo, nos diálogos platônicos – especialmente no *Fedro* (1997), no qual Sócrates narra o mito de Teuth, que, além de ter inventado o jogo de damas, os números, a geometria, a astronomia, também inventou a escrita. Esta foi questionada pelo rei com as seguintes palavras:

> essa descoberta provocará nas almas o esquecimento de quanto se aprende, devido à falta de exercício da memória, porque, confiados na escrita, é do exterior, por meio de sinais estranhos, e não de dentro, graças a esforço próprio, que obterão as recordações. Por conseguinte, não descobriste um remédio para a memória (μνήμης), mas para a recordação (ἀναμιμνησκομένους). (Platão, 1997, p. 119)

Talvez o rei tenha razão, pois, no momento em que passamos a confiar em uma memória externa, de algum modo, liberamos nossa mente dessa incumbência. Entretanto, essa perda é compensada: enquanto a memória biológica é mortal, só durando o tempo de uma vida, a memória externa se livra desse tipo de mortalidade na direção da permanência no tempo e no espaço. Se, nesse caso, de fato, a memória individual tende a esmorecer, quem ganha não é o indivíduo, mas, sim, a espécie

As linguagens e as transformações da comunicação

humana, pela durabilidade do conhecimento no tempo. De resto, é em razão da escrita, não obstante o primeiro impacto por ela provocado, que estamos lendo os gregos até hoje. De fato, foi unindo fala e escrita que a filosofia grega floresceu.

Cabe notar que a escrita não significou uma transformação apenas nos meios de preservação, mas também nos meios de produção da linguagem; ambos, nesse caso, inseparáveis. Ora, a escrita retira do corpo aquilo que era seu privilégio exclusivo: possibilitar a comunicação. Ao se passar essa tarefa para um meio externo, fora do corpo biológico, a escrita exige alguns aparatos, como são seu suporte e seus meios de inscrição. A história da escrita, por isso mesmo, é também a história sequencial de seus suportes – tais como a pedra, o couro, o papiro –, até encontrar o papel como seu ideal e, hoje, a tela eletrônica. Do mesmo modo, a história da escrita é também a história da alfabetização, da aventura crescente dos livros e manuais, responsáveis por tornar cada vez mais público o conhecimento ao incrementar os meios de distribuição e multiplicar os meios de recepção.

É certo que esse é um tipo de recepção que não mais se dá na presença física dos interlocutores. De um lado está um leitor diante de um texto no ato de leitura. Um leitor separado fisicamente do emissor daquele texto. Essa separação costuma provocar muita nostalgia da conversação olhos nos olhos. Entretanto, a leitura nos coloca de modo muito mais intenso no processo comunicativo do que podem julgar as nostalgias. Em uma entrevista recente, Margaret Atwood (2017) autora do livro *O conto de Aia*, recentemente transformado na bem-sucedida série *The Handmaid's Tale*, muito apropriadamente declarou: "Um romance é o mais próximo que se pode chegar de estar dentro da cabeça de outra pessoa. No cinema ou na televisão você vê atuação; no livro você está na ação".

Quando se fala em escrita, a tendência é equacioná-la ao mundo gutenberguiano dos meios de impressão. Essa equação é parcial e limitada. Antes da invenção da prensa manual de Gutenberg, no século XV, houve séculos de escritas que misturam o imagético à escritura. Por isso, considero equivocado o pensamento de que a cultura impressa tenha se seguido diretamente da cultura oral. Em verdade, foi antecedida por uma variada riqueza de formas de escrita. Tanto essas formas continuam atuantes que elas foram recuperadas por muitos artistas da arte moderna, assim como reaparecem hoje na rica visualidade dos tipos gráficos, na poesia visual e na e-poesia, no *design* gráfico e no *webdesign*. Em suma, trata-se de uma era cultural secular cuja memória visual continua viva.

∴ Era de Gutenberg: o império do livro

Essa era foi abordada por McLuhan (1972) em *A galáxia de Gutenberg*, essa volumosa obra dedicada a todos os aspectos das transformações operadas nas sociedades ocidentais e no psiquismo humano sob o impacto da impressão da escrita, que começou manual (Figuras 2.2 e 2.3)[1] e que foi gradativamente se transformando até se converter nas sofisticadas produções digitais da atualidade (Figuras 2.4 e 2.5).

Figura 2.2 – Os tipos em chumbo a serem colocados manualmente na matriz de impressão

Alice Day/Shutterstock

---

1   É precioso este vídeo que mostra, passo a passo, a produção manual de um livro: <https://www.facebook.com/RevistaLucasdeLeyden/videos/1220888351353664/>. Acesso em: 12 fev. 2019.

Figura 2.3 – A prensa para impressão, operada manualmente

Figura 2.4 – Maquinário para impressão

Figura 2.5 – Indústria gráfica moderna

Antes da prensa de Gutenberg, livros "eram escritos à mão, por monges e escribas; e demoravam meses para serem concluídos. Seu preço era elevadíssimo e a maioria das pessoas sequer tinha condições de adquirir um mero exemplar que fosse" (Caputo, 2017). Descrições desse universo foram magistralmente relatadas por Umberto Eco (1983), no seu antológico livro *O nome da rosa*, depois transformado em um filme com o mesmo nome, um filme que é um hino de amor aos livros, dirigido por Jean-Jacques Annaud em 1986, ao qual vale muito a pena assistir. *O nome da rosa* era uma expressão da Idade Média que se referia ao infinito poder das palavras.

A importância dada à invenção da prensa manual se deve, entre outras coisas, às transformações que se operaram nos quatro fatores envolvidos em seu processo comunicacional. O meio de produção ganhou o poder inédito da **reprodução**. O livro, que antes se constituía como um objeto único e raro, guardado a sete chaves, passou, então, a ser produzido em cópias. Com isso, o poder de armazenamento da memória se expandiu, uma vez que não já dependia da raridade de um único exemplar. Consequentemente, sua distribuição se multiplicou, atingindo diversos leitores ao mesmo tempo, o que provocou um grande impacto nos processos de recepção na abertura de seus horizontes.

O primeiro livro publicado foi a Bíblia, o que não é de estranhar porque, até então, todo o conhecimento, transmitido pelos livros dos escribas, estava sob o domínio do clero. Nesse aspecto, o tiro saiu pela culatra. O privilégio da palavra bíblica, buscando aumentar sua influência, deu início a uma democratização do saber que, ao fim, atingiu camadas cada vez maiores de leitores, tirando do clero o domínio do conhecimento mantido por toda a Idade Média. Segundo Caputo (2017), a tradução da Bíblia do latim para o alemão, realizada por Martinho Lutero, "potencializou ainda mais a disseminação da leitura e a proliferação do protestantismo na Europa". Desse momento em diante, Reforma e imprensa se tornariam inseparáveis.

As linguagens e as transformações da comunicação

Além de aperfeiçoar a escrita e facilitar a leitura, os textos passaram a ser feitos de uma forma rápida e eficaz. O mundo começara, assim, a partilhar o seu conhecimento, facilitando a disseminação de tesouros intelectuais, tornando-se, por exemplo, um importante catalisador para o rápido desenvolvimento das ciências na era moderna.

[...]

Consequentemente, a invenção de Gutenberg também promoveu um aumento acentuado da alfabetização em escala global e resgatou a valorização de línguas vernáculas em detrimento do latim, que acabou perdendo força. Como se tudo isso já não fosse o bastante, podemos considerar que a mesma contribuiu ainda para presentear a humanidade com obras magníficas de grandes nomes da literatura mundial [...]. (Caputo, 2017)

Do século XV até o século XIX, o livro reinou com soberania como meio de produção, armazenamento, e transmissão do conhecimento. Esse cetro só seria perdido após o advento da Revolução Industrial, a qual instaurou a era da reprodutibilidade técnica das linguagens, o que deu início ao crescente poder dos meios de comunicação de massa. Antes disso, entretanto, houve uma longa história do livro que foi soberbamente estudada por Roger Chartier (1996, 1998a, 1998b). É na sua obra que podemos encontrar a reconstituição tanto das "'redes de práticas e as regras de leituras próprias às diversas comunidades de leitores (espirituais, intelectuais, profissionais etc.)', quanto as relações da história da leitura com os três conjuntos de mutações: tecnológicas, formais e culturais" (Santaella, 2004, p. 16).

Uma visão distinta daquela que foi promulgada por Chartier sobre a história do livro encontra-se no famoso livro de McLuhan, *A galáxia de Gutenberg* (1972), leitura obrigatória para todos aqueles que apreciam a erudição aliada à capacidade crítica. Embora um erudito de primeira linha, McLuhan não parece ser um grande apreciador da era do livro. Sua valorização recai sobre os meios de comunicação de massa, especialmente a televisão, na medida em que, segundo ele, esta recupera traços da oralidade naquilo que ele chamou de *aldeia global* (McLuhan, 1969). Vejamos alguns dos pontos de reflexão que o intelectual canadense desenvolve com relação à cultura e os modos de comunicação propiciados pelo livro.

Do século XV ao XIX, o livro reinou com soberania como meio de produção, armazenamento e transmissão do conhecimento.

O século XV também viu nascer a gradativa fusão dos grupos feudais em nações modernas. Para McLuhan (1969), a cultura do livro foi coadjuvante desse desenvolvimento, levando ao surgimento da vida pública, da constituição do Estado, das civilizações nacionais e da ideia de indivíduo. Não obstante sua importância indiscutível, a palavra impressa e sua distribuição mais fluida, ao lado da constituição dos Estados e nacionalidades, geraram também o nacionalismo que se expressa na defesa da pureza de cada língua nacional. Assim, a vida pública passou a ser alimentada com a ideia de comunidades fechadas no orgulho da própria língua. Com isso, a distribuição mais aberta do conhecimento ao público, paradoxalmente, criou a noção de espaço fechado.

Além disso, em detrimento da audição e da tatilidade própria as de corpos que, na oralidade, se aproximam e se afastam, devido à hipertrofia de um único sentido, a visão, o livro produz, ao contrário, uma cultura da uniformidade e da racionalidade que a escrita linear tende a desenvolver. Vem daí a celebração realizada por McLuhan (1969) da era eletrônica, da aldeia global propiciada pela televisão, pela cultura da eletricidade que ele chegou a testemunhar e que lançou a era mecânica, a do **homem tipográfico**, a um plano de fundo, para dar entrada a uma verdadeira reconfiguração da "galáxia".

É curioso notar que a periodização de McLuhan, concernente à galáxia de Gutenberg, avança por toda a era da reprodução técnica e eletromecânica que, à luz de Walter Benjamin (1975), passamos a chamar *de era da reprodutibilidade técnica*. Esta, por sua vez, deu origem à cultura de massas que o rádio e a televisão levaram ao extremo.

∴ A unilateralidade da era massiva

No decorrer de quatro séculos, da invenção de Gutenberg até a era industrial, na qual a Inglaterra tomou a dianteira, os meios de impressão dos livros, passo a passo, introduziram melhoramentos facilitadores da atividade gráfica para o aumento das tiragens. "A máquina a vapor tinha aparecido já em 1769, o barco a vapor em 1807, a locomotiva em 1814" (Friederich..., 2018). Outro alemão, Friedrich König, "inventou em 1811 a prensa mecânica e introduziu a energia a vapor e o movimento rotativo" (Friederich..., 2018), acelerando sobremaneira o ritmo de tiragem das cópias. Na segunda metade do século XIX, o sistema produtivo industrial já contava com todos os componentes necessários para incrementar a produção jornalística: o transporte ferroviário, o motor a combustão, a eletricidade, o telégrafo e a fotografia. O conjunto desses fatores, sem os quais o jornal não teria se tornado o primeiro meio de comunicação para as massas, recebeu ainda a munição da melhoria na reprodução de imagens, com a fotogravura já em 1851 e a heliogravura em 1905.

A expansão da produção massiva dos jornais transformou isso em negócio liberado dos subsídios de que dependia anteriormente, passando, então, a sobreviver economicamente de assinaturas e, cada vez mais, de verbas publicitárias. Além dos incrementos técnicos, segundo Traquina (2005), foram vários os fatores sociais que estimularam a instauração do jornalismo

As linguagens e as transformações da comunicação

como negócio: a explosão demográfica, a urbanização e a escolarização. Graças, especialmente, a este último fator, o mundo das letras, também incrementado pelos livros de bolso, atravessava as fronteiras das elites, ampliando seu público-leitor.

Ficam claras as transformações que essa era da reprodutibilidade técnica promoveu nos quatro elementos envolvidos nesse processo de comunicação: a matriz tipográfica, como meio de produção, passou a reproduzir um número cada vez maior de cópias, multiplicando consequentemente a distribuição. A memória se transformou em documento a ser preservado nos arquivos dos jornais e a recepção se massificou.

Logo depois, o cinema seria socialmente introduzido como primeiro meio de entretenimento para as massas. A narrativa ficcional, que era de domínio exclusivo da literatura, de um lado, encontrou outro meio de publicação nos folhetins dos jornais, graças à ascensão das mulheres como público letrado. De outro lado, sem substituir a literatura, pois são sistemas de linguagem bastante distintos, a indústria cinematográfica foi desenvolvendo suas fórmulas mágicas para a composição audiovisual da narrativa ficcional, ampliando a experiência narrativa do receptor.

Juntos, o meio jornalístico informativo e o meio audiovisual de entretenimento para a recepção coletiva – mesmo que diferentes na sua natureza – lançaram as raízes da cultura de massas, cuja munição mais potente veio com o rádio e a TV, uma vez que ambos transformaram em difusão massiva os processos anteriores de distribuição, próprios do jornal e do cinema. Isso se deu porque o meio de produção deixou de ser mecânico e passou a ser eletrônico, o que inaugurou um modo bastante distinto de funcionamento. Em vez da dependência de uma matriz para a reprodução de cópias a serem distribuídas fisicamente uma a uma, já nos seus primórdios, a lógica operacional de produção, armazenamento, difusão e recepção do rádio e da televisão gerou modificações profundas. A fita magnética grava as informações codificadas de imagem e som e as transmite pelos sinais de radiodifusão, composta por variações de amplitude e/ou frequência e modulada em uma portadora VHF ou UHF, em que *HF* significa *"frequência alta"*, *VHF* é *"frequência muito alta"* e UHF quer dizer *"frequência ultra-alta"*.

Não há a necessidade de entrarmos em detalhes técnicos especializados, especialmente porque o sistema de radiodifusão foi passando, ao longo das décadas, por desenvolvimentos tecnológicos cada vez mais sofisticados[2]. Para os nossos propósitos, basta enfatizarmos o fato de que a revolução eletrônica, que se seguiu à eletromecânica, instaurou uma outra lógica comunicacional, com consequências culturais notáveis.

---

2   Algumas explicações sobre isso podem ser encontradas a seguir: <http://www.tecni control.pt/pt/wiki/item.html?id=81-os-varios-meios-de-transmissao-de-tv>. Acesso em: 6 mar. 2019.

As linguagens e as transformações da comunicação

É em virtude disso que, com o rádio e a TV, solidificou-se a ideia de homem de massa na base da ideia de *mass media*. Isso não quer dizer outra coisa senão que o receptor recebe informação e entretenimento de modo unilateral, sem que tenha qualquer possibilidade de interlocução. O único arremedo de interlocução se dá através de medições, padrões de compra e estudos de mercado. Disso decorre a natureza fundamental de um meio de difusão. Em primeiro lugar, o padrão de energia viaja num só sentido, na direção do receptor, enviando mensagens que são consumidas sem oferecer muita resistência. Em segundo lugar, o rádio e a televisão levam às últimas consequências um modelo de negócio que já havia sido implementado no jornalismo: a fonte de sustentação que é dada pela publicidade. Vem daí a explosão da publicidade na era da cultura de massas, em que um sistema de comunicação alimenta o outro. Em terceiro lugar, o modo de recepção que o meio eletrônico propicia, no qual prevalece a lei da inércia, cria condições não só favoráveis, mas ideais para a promoção e a distribuição de produtos com ênfase na persuasão e na embalagem. Por isso mesmo, televisão significa também publicidade sem limites e o conteúdo da publicidade instaura-se como um novo tipo de consciência coletiva.

Diante de tais condições, a era massiva recebeu críticas de pensadores e intelectuais voltadas para a denúncia dos males psíquicos e culturais provocados pela massificação. Por estar rodeado de redes de difusão de mensagens, preso num mundo construído pela **indústria cultural**, também chamada de *indústria da consciência*, o homem de massa foi homogeneizado e, consequentemente, despersonalizado. Especialmente na América Latina, esse estilo de crítica difundiu-se a partir da obra de Horkheimer e Adorno (2002). Porém, muitos outros críticos, com genealogias de pensamento bastante distintas, bateram na mesma tecla crítica. Rosnay (1997), por exemplo, estendeu suas considerações até mesmo para os meios de comunicação eletro-mecânicos, anteriores à televisão, por meio da ideia da estrutura piramidal de distribuição e difusão dos produtos e serviços culturais, educativos e de informação, que produz receptores passivos. Os modos de produção de massa são obrigados a centralizar os seus meios, agenciados por poucos, e isso gera consequências para a distribuição, difusão e, muito especialmente, para a **recepção das mensagens**. Nesse modelo, até mesmo o livro é incluído. A publicação de um livro, a difusão de uma emissão de televisão, a edição de um jornal, a produção de um disco etc. partem de um centro irradiador, que aciona estratégias eficientes para atingir a massa.

Não obstante as críticas à passividade e à alienação do homem de massa, a adesão que as mensagens televisivas provocam é indiscutível, a exemplo de países como Brasil e México, sem mencionarmos os Estados Unidos, que, no clímax da cultura de massas, mantinham audiências gigantescas em programações subsidiadas por anúncios milionários e por *merchandising*. Isso não se deu por acaso. De acordo com Tichi (1991, citado por Castells, 2000, p. 361), "a difusão da televisão ocorreu em um ambiente televisivo, ou seja, a cultura na qual objetos e símbolos são apresentados na televisão, desde as formas dos móveis domésticos até modos de agir e temas de conversa". O poder real da televisão, acrescenta Castells (2000, p. 421), "é que ela arma o palco para todos os processos que se pretendem comunicar à sociedade em geral, de política a negócios, inclusive esportes e arte. A televisão modela a linguagem de comunicação societal" (ver também Santaella, 2003, p. 80).

Paralelamente ao enxame de críticas mal ou bem-fundamentadas, com base nos Estados Unidos, cujos princípios da cultura de massas foram imitados por outros países, começaram a se desenvolver teorias da comunicação que, sob o nome de *mass communication research* (pesquisa em comunicação de massas"), plantaram nesse campo as primeiras sementes de uma produção científica, por mais que ela também possa ser – como foi – submetida a críticas. Trata-se da "teoria hipodérmica, a teoria ligada à abordagens empírico-experimental, a teoria que deriva da pesquisa empírica de campo, [e] a teoria de base estrutural-funcionalista" (Wolf, 1987, p. 23).

Para saber mais

Entrar em detalhes sobre o conteúdo das teorias de *mass communication research* nos levaria longe demais. Por isso, indicamos a seguir duas obras magistrais que apresentam tais teorias em detalhes:

MATTELART, A.; MATTELART, M. **História das teorias da comunicação**. Tradução de Luiz Paulo Rouanet. São Paulo: Loyola, 1999.

WOLF, M. **Teorias da comunicação**. Tradução de Maria Jorge Vilar de Figueiredo. Lisboa: Presença, 1987.

Uma síntese sobre o assunto também pode ser encontrada no trecho indicado da seguinte obra:

SANTAELLA, L. **Matrizes da linguagem e pensamento**: sonora, visual, verbal. São Paulo: Iluminuras/Fapesp, 2001. p. 27-38.

∴ Entre a cultura de massas e a cibercultura: os *gadgets*

O esplendor da hegemonia televisiva não durou, mais do que algumas décadas, bem menos tempo do que os quatro séculos de esplendor do livro. Conforme Kerckhove (1997, p. 50-51), o

As linguagens e as transformações da comunicação

clímax da teledifusão se deu no final dos anos 1960, princípio dos anos 1970, coincidindo não acidentalmente com os *baby-boomers*. A difusão televisiva pode ter chegado aí ao ponto máximo de maturação e mesmo à sua saturação. É interessante notar que foi justamente nessa época que o panorama cultural começou a ser invadido pelas teorias da pós-modernidade, mas esse é outro tema que não cabe aqui ser pormenorizado. Voltemos a Kerckhove (1997), que parece ter razão porque, se buscarmos dados sobre as condições dos processos comunicativos dos anos 1970, fica evidente que nesse período

> aí que teve início um processo progressivo de convivência da televisão com o ininterrupto surgimento de novas máquinas, equipamentos e produtos midiáticos que apresentam uma lógica distinta daquela que é exibida pelos meios de massa: máquinas de xerox, a distribuição universal de máquinas de fax, videocassete, videogames, segmentação das revistas e programas de rádio para públicos específicos , TV a cabo etc., enfim, novos processos comunicacionais a que chamo de cultura das mídias. (Santaella, 2004, p. 80)

A crise na hegemonia da cultura de massas não deve significar, nem de longe, o arrefecimento de seu poder comunicacional, pois também é verdade que, lá pelos anos 1970, surgiram novas formas de transmissão televisiva ao vivo, das quais a CNN (Cable News Network, canal a cabo de notícias norte-americano) é um exemplo, e que ampliaram ainda mais a sua capacidade de difusão. Para Castells (2000, p. 365), a TV "tornou-se nesse período mais comercializada do que nunca e cada vez mais oligopolista no âmbito global". Porém, ao mesmo tempo, "Revistas especializadas, videocassetes e serviços por cabo deram-nos exemplos de *narrowcasting*, atendendo a grupos demográficos pequenos" (Negro-Ponte, 1995, citado por Natal, 2006, p. 141). Assim,

> o fato de que nem todos assistem à mesma coisa simultaneamente e que cada cultura e grupo social tem um relacionamento específico com o sistema da mídia faz uma diferença fundamental *vis-à-vis* o velho sistema de mídia de massa padronizado. Além disso, a prática difundida do *surfing* (assistir a vários programas ao mesmo tempo) pela audiência introduz a criação do próprio mosaico visual. (Castells, 2000, p. 366-367)

A discussão mostrada por Castells corrobora o argumento de que não há linearidade na passagem de uma era comunicacional para outra. A tendência é que elas se sobreponham em misturas que criam um tecido cultural híbrido e cada vez mais denso, uma densidade que alcançaria seu apogeu com a chegada da cultura digital. Antes de entrarmos nela, entretanto, algumas ponderações nos esperam.

De saída, deve estar claro que,

> embora a grande maioria dos autores esteja vendo a ciber-cultura na continuidade da cultura de massas [inclusive chamando esta última de *cultura pós-massa*], considero que o reconhecimento da fase transitória entre elas, a saber, o reconhecimento da cultura das mídias, é substancial para se compreender a própria cibercultura. (Santaella, 2003, p. 26)

Contudo, para que essa consideração se torne compreensível, a denominação genérica *mídias* deve ser questionada. Apesar de já ter repetido esse questionamento inúmeras vezes, parece necessário retornar a ele neste momento.

Nos anos 1990, crescentemente, o nome *mídias* – que alguns ainda preferem chamar de *os media* – tornou-se uma moeda corrente, passando a ser largamente utilizado. O grande problema daí derivado é: a que as pessoas estão, de fato, se referindo quando usam esse nome? A meu ver, trata-se de uma referência que, na sua generalidade difusa, cobre com uma cortina de fumaça todo o território denso e diferenciado dos meios de comunicação contemporâneos. Afinal, de que mídias estão falando? Por que a palavra *mídias* começou a substituir a expressão *meios de comunicação*, que era correntemente utilizada até os anos 1980? Eis a questão a ser respondida.

Foi justamente nos anos 1980 que o computador pessoal começou a figurar entre os aparelhos domésticos. Por essa época, as animações computacionais, também chamadas de *imagens infográficas*, com destaque para as imagens fractais, causavam muito entusiasmo entre os especialistas em visualidade e artes visuais. Logo depois, ligado por *modems* conectados ao telefone, o computador deu início à sua jornada de meio de comunicação interativo. Ora, tudo aquilo que era produzido por via digital foi chamado, nos Estados Unidos, de *new media*, em oposição às *mass media*. Na década de 1990, havia confusão sobre quais seriam as fronteiras que poderiam demarcar o território das *new media*, em oposição àquele das *mass media*.

O livro de Lev Manovich (2001), *The Language of New Media*, marcou época e ficou internacionalmente famoso, especialmente porque o autor lucidamente questionou o assunto. Depois de enumerar as categorias que recebiam o nome de *new media* – a internet, os *websites*, a multimídia computacional, os jogos eletrônicos, *CD-ROMs*, *DVDs*, realidade virtual etc. –, Manovich perguntava (2001, p. 19, tradução nossa):

> Mas isso é tudo que há nas novas mídias? E os programas de televisão que são rodados em vídeo digital e editados em estações de trabalho computadorizadas? São também novas mídias? E as composições de imagens e de palavras e imagens – fotografias, ilustrações, *layouts* – que são criados nos

As linguagens e as transformações da comunicação

computadores e, posteriormente impressos em papel? [...]
Onde podemos parar com isso?

Passado aquele momento, a terminologia *mass media* foi ficando para trás e os meios massivos foram recebendo outros nomes – os quais não serão agora discutidos para não perdermos o fio da meada. Assim, a palavra *mídias* emplacou no idioma português, até o ponto de se transformar em um nome genérico para tudo aquilo que diz respeito a processos comunicacionais. Tudo virou mídia, inclusive o corpo, que passou a ser chamado de *corpo-mídia*.

É justamente para evitar que se perca a especificidade de cada meio de comunicação, nos seus modos de operar psíquica e socialmente, que utilizamos as seis eras culturais como sinais de alerta para as distinções nos modos de produção, memória, modos de distribuição e difusão e modos de recepção das mídias. A meu ver, pode-se utilizar o termo *mídia*, contanto que se indique de que mídia especificamente se está falando. Isso faz muita diferença e nos ajuda a compreender melhor a espessa malha de mídias de que se constitui a cultura contemporânea.

Essa formação cultural, que chamo de *cultura das mídias*, é intermediária entre a cultura de massas e a cultura digital, ao mesmo tempo em que é preparatória para a cultura digital. Por que se trata de uma formação cultural que preparou o terreno sociocultural para a emergência da cultura digital? Eis a questão que a discussão a seguir visa responder.

Os sinais de sua emergência já podiam ser notados com clareza nos hábitos de recepção dos anos 1980, os quais foram gradativamente mudando em razão da entrada no mercado de pequenos aparelhos, no mercado. Tais aparelhos podiam ser considerados *gadgets* porque pareciam inofensivos, meros brinquedos, diante do poder englobante dos grandes impérios das redes de jornalismo, rádio e televisão. Trata-se dos

> dispositivos que possibilitaram o aparecimento de uma cultura do disponível e do transitório: fotocopiadoras, videocassetes e aparelhos para gravação de vídeos, equipamentos do tipo *walkman* e *walktalk*, [...] indústria dos *videoclips* e *videogames*, [...] filmes em vídeo para serem alugados nas vídeolocadoras, tudo isso culminando no surgimento da TV a cabo. (Santaella, 2008b, p. 27-28)

Tudo isso começou, de modo sub-reptício, a minar os hábitos de recepção próprios das mídias de massa; isso porque tiravam o receptor da inércia, colocando-o na busca da informação e do entretenimento de seu interesse. Com isso, "os fatores de centralização, sincronização e padronização, característicos dos meios de massa, ao promover maior diversidade e liberdade de escolha", começaram a sofrer uma concorrência cada vez mais desleal (Santaella, 2013, p. 233).

Estavam aí plantadas as sementes que viriam a frutificar na era digital, que teve início quando o computador assumiu o caráter de mídia interativa. A marca principal dessa era comunicacional se encontra na exigência que ela faz ao receptor de interagir com aquilo que recebe e de buscar por si próprio a informação e o entretenimento que deseja. Detalharemos essa questão na seção a seguir.

∴ O computador como foco irradiador da cultura digital

São tantas as mudanças no processo comunicativo instaurado pela mídia computacional que, entre muitos outros deslocamentos, os tradicionais personagens – emissor e receptor – passaram a ser chamados de *usuários*. Isso ocorreu porque a comunicação mediada pelos programas, pelas plataformas e pelos aplicativos computacionais, bem como pelo modo interativo e bidirecional aí implicado, embaralham radicalmente a relação receptiva de sentido único que se tem com as mídias massivas. Foi com muita rapidez que o usuário aprendeu a usar o *mouse* e o teclado e a interagir com as telas, fazer telecomandos e navegar pelos espaços informacionais, de modo que a cultura das redes foi tomando conta da sociedade a uma velocidade espantosa.

Os "hábitos exclusivos de consumismo automático passaram a conviver com hábitos mais autônomos de discriminação e escolhas próprias" (Santaella, 2013). Isso deu origem a uma cultura de velocidade das hiper-redes multimídia de comunicação interpessoal (Santaella, 2008b), nas quais cada um "pode tornar-se produtor, criador, compositor, montador, apresentador, difusor de seus próprios produtos. Com isso, uma sociedade de distribuição piramidal", que era própria da hegemonia das mídias massivas, "começou a sofrer a crescente concorrência de uma sociedade reticular de conectividade e integração em tempo real" (Santaella, 2004, p. 82).

Embora, como já foi dito, a cultura das mídias tenha germinado as sementes daquilo que a cultura digital levaria a consequências extremas – a saber, o usuário como nó de múltiplas conexões sob seu próprio comando e auxiliado pelos *softwares* –, há uma diferença fundamental entre ambas. Enquanto a cultura da médias ensaiava a convivência entre mídias e linguagens, a cultura digital se caracteriza pela convergência das mídias e pelas consequentes misturas entre linguagens de todos os tipos que, nas redes, recebem o nome de *hipermídia*.

Hipermídia é um tipo de produção de linguagem que rompe com a linearidade do discurso verbal e o isolamento entre as linguagens e mídias, para criar uma estrutura de nós e conexões (*links*) entre linguagens textuais, visuais, sonoras e todas as misturas entre elas.

Perguntas & respostas

Qual é a maior evidência de que as linguagens humanas estão crescendo e se multiplicando?

Basta tomar como ponto de referência os efeitos da Revolução Industrial na invenção de máquinas capazes de produzir e reproduzir linguagens, como é o caso da câmera fotográfica, e seguir, daí em diante, para todas as invenções que vieram depois, tais como cinema, rádio e TV até o advento da Revolução Digital, a qual promoveu uma mistura de linguagens que interagem e se complementam.

Diante disso, a cultura digital que, imediatamente, recebeu o nome de *cibercultura* – a cultura do ciberespaço, o espaço informacional das redes (ver Lemos, 2000) –, desde que começou a se disseminar socialmente, foi acompanhada por uma espécie de reconhecimento e consenso sobre o caráter revolucionário e sem precedentes das transformações tecnológicas, comunicacionais e sociais que se anunciavam. Tal consenso unia tanto os que celebravam quanto os que lamentavam essas transformações. O que se pressentia naquelas alturas era o ritmo assombrosamente veloz dos desenvolvimentos pelos quais a cultura digital estava fadada a passar.

O primeiro grande salto transformador se deu quando as interfaces gráficas livraram o usuário da memorização da codificação dos comandos. A partir disso, o usuário adquiriu o domínio da velocidade para perambular pelas redes e sair em busca do que deseja. Naquele momento, mal podíamos supor o quanto os motores de busca, especialmente o Google, se tornariam parceiros, não obstante tenham duas faces: de um lado, são coadjuvantes de nossas buscas; de outro lado, bisbilhoteiros de nossa privacidade. De qualquer modo, esse é apenas mais um detalhe de um número tão grande de novidades que foram sendo ininterruptamente introduzidas no mundo digital, e não são todos os usuários que conseguem, tanto quanto os jovens, seguir o ritmo de suas atualizações.

Assim, desde que o termo *cibercultura* foi cunhado e entrou em uso nos anos 1990, muitas águas rolaram e muitas coisas mudaram – aliás, as mudanças estão se tornando cada vez mais vertiginosas. Quando os aparelhos móveis adquiriram inteligência prenunciando sua disseminação planetária, fiz uma tentativa de acompanhamento das mudanças que se anunciavam (Santaella, 2007b, p. 198-200). Tratava-se de um universo de informação em processo de crescimento contínuo que se colocava facilmente à disposição do usuário. Sem dúvida, o acesso era o traço mais marcante desse espaço virtual, o ciberespaço.

Entretanto, na primeira década deste século, teve início o reinado dos dispositivos móveis, espraiando-se pelas ruas, por todos os espaços públicos, inclusive substituindo o telefone fixo nos espaços domésticos. Para isso, busquei uma nova expressão: "tecnologias da conexão contínua", caracterizando-as como:

> uma rede móvel de pessoas e de tecnologias nômades que operam em espaços físicos não contíguos. Para fazer parte desse espaço, um nó (ou seja, uma pessoa) não precisa compartilhar o mesmo espaço geográfico com outros nós da rede móvel, pois trata-se de um espaço que Souza e Silva (2006) chama de espaço híbrido. (Santaella, 2007c, p. 200)

A consequência da conexão contínua foi o desenvolvimento da cultura da mobilidade, ou seja, a mobilidade hiperconectada em hiperespaços que passamos a chamar de *hipermobilidade*, pois "à mobilidade física do cosmopolitismo crescente foi acrescida a mobilidade virtual das redes" (Santaella, 2007b, p. 184). Mesmo naquela época, o prefixo *hiper* nada tinha de exagerado, tanto é que, em muito pouco tempo, fez inteiro jus ao seu nome. O mais interessante, entretanto, é que a cultura da mobilidade coincidiu com o advento das redes sociais, espaços programaticamente preparados para a conversação e o compartilhamento de conteúdos postados pelas pessoas (cf. Recuero, 2009, 2012).

Foi justamente nessa época que as fases sequenciais da *Web* começaram a ser numeradas: *Web* 1.0 e 2.0. Essa enumeração foi fruto da necessidade de marcar com ênfase as radicais transformações que as novas plataformas das redes voltadas para o relacionamento social estavam trazendo para os usuários da Web.

Em verdade, as nomenclaturas *Web 1.0*, *2.0* e outras começaram a ser empregadas, depois que a expressão *Web 2.0* foi apresentada por Tim O'Reilly (1954-) para se referir a uma segunda geração de aplicativos, comunidades e serviços que tinham na *Web* a sua plataforma matriz. Foi só então que a primeira fase da internet passou a ser conhecida como *Web 1.0*. Essa numeração foi dada, portanto, retrospectivamente, depois que a *Web 2.0* levou à explosão as redes sociais, essa rede dos *blogs*, das wikis e das inúmeras plataformas e aplicativos entre os quais, no Brasil, o Facebook tomou a frente.

O que Tim O'Reilly visava quando batizou a rede com o número 2 era chamar atenção para o fato de que o valor das novas redes não dependia exclusivamente do *hardware*, nem mesmo do conteúdo veiculado, mas do modo como elas atraíam e continuam a atrair a participação de comunidades sociais em larga escala, coletando e anotando dados para os outros usuários. Com isso, foi criada uma nova ecologia conectiva entre o universo físico, o técnico e o humano, com a tendência marcada de se multiplicar (Santaella, 2010).

Contudo, a numeração das redes não parou por aí. Depois de 2010, a *Web 3.0*, também chamada de *Web semântica*, começou a

As linguagens e as transformações da comunicação

aflorar. Sem entrarmos na discussão complicada especificidade dessa rede, nas promessas que cumpriu ou deixou de cumprir, é suficiente dizer que é uma rede que trabalha com a atribuição de significados aos termos utilizados nos motores de busca, de modo a tornar o resultado da busca do usuário tão preciso quanto possível.

Em 2008, para incrementar o uso do iPhone, Steve Jobs (1955-2011) permitiu que desenvolvedores externos criassem aplicativos. Por volta de 2015, a renda global dos aplicativos gerou bilhões, superando os ganhos da indústria cinematográfica. Assim, desde a entrada dos anos 2010, a multiplicação dos aplicativos e plataformas nas redes misturou a noção de *Web 3.0* com inúmeros novos recursos e usos, entre eles "os gráficos 3D [...], e-comércio, contextos geoespaciais etc.; o incremento da conectividade graças aos metadados semânticos; a ubiquidade que permite a conexão de quaisquer recursos à *Web* de modo que os mais variados serviços podem ser utilizados em todos os lugares" (Santaella, 2017c).

É tamanha a variedade atual desses recursos que já começa a surgir a nomenclatura *Web 4.0* para abrigar os grandes temas do momento. Entre estes, destacamos a computação na nuvem, a internet das coisas (ou comunicação máquina-máquina), o *Big Data*, as cidades inteligentes e a grande personagem, a celebridade do momento, que é a Inteligência artificial (IA), muito propalada cotidianamente em noticiários, *sites*, revistas para o grande público e, certamente, também em livros especializados (Santaella, 2017c). É tal a velocidade de desenvolvimento da IA nos últimos anos que alguns especialistas preconizam que, muito mais radical do que uma *Web 4.0*, o que está se abrindo atualmente é uma segunda revolução digital, ou seja, uma segunda era dentro da própria revolução digital, a qual se iniciou há apenas meio século (Schwab, 2017).

No momento, os desenvolvimentos estão acontecendo muito rapidamente e a radicalidade de suas consequências ainda não pode ser avaliada, apenas pressentida. Para os propósitos deste capítulo, o que importa enfatizar nesta conclusão é que as seis eras culturais que foram aqui discutidas, bem como aquela que pode porventura estar se abrindo como uma sétima era, coexistem, convivem simultaneamente na nossa contemporaneidade. A cultura oral continua existindo, a escrita também, assim como a impressa. No momento da escritura desta obra, tenho à minha frente a tela do computador que me coloca em conexão com os milhares de documentos do Google a distância de um clique. Porém, ao mesmo tempo, minha mesa está rodeada de livros impressos em papel, enquanto ao lado deles repousa o Kindle a ser aberto em qualquer momento. Apesar das infinitas conexões dos compartilhamentos nas redes, mantemos a convivência em grupos de discussão presenciais. Assim também as formas antigas de escrita continuam alimentando o imaginário dos artistas e *designers*. Ainda frequentamos salas de concertos, visitamos museus e as pessoas continuam a tomar conta das ruas e de praças públicas, visando tanto ao divertimento quanto à participação política militante (Santaella, 2003).

Nessa medida, vivemos hoje um "momento civilizatório especialmente complexo, tramado pelos fios diversos de formas de cultura distintas que se sincronizam" (Santaella, 2004, p. 78). Entretanto, o que importa salientar neste momento é aquilo o que revela a continuidade acumulativa das eras culturais, baseadas em processos de comunicação que foram se somando nas misturas: as linguagens, os sistemas de signos gradativamente cresceram ao longo dos séculos até formarem uma espessa, densa malha de misturas de linguagens na nossa contemporaneidade. Se a semiótica é a ciência das linguagens, voltada para o esclarecimento de como os signos são capazes de representar a realidade, como significam e como são interpretados, podemos dizer que nunca os estudos semióticos se tornaram tão relevantes quanto agora.

Síntese

Este capítulo desenvolveu um panorama histórico da evolução das mídias e suas linguagens correspondentes, desde as imagens nas grutas até a internet. Tal panorama tem por função, de um lado, dar a conhecer a profusão de linguagens com que convivemos no mundo atual; de outro lado, visa comprovar o argumento de que as linguagens humanas estão crescendo e se multiplicando.

Questões para revisão

1. Por que o conceito de comunicação não se restringe à comunicação humana?

2. Por que a humanidade precisou criar formas externas de registro da memória, como as mídias digitais?

3. Desde quando os meios de comunicação passaram a se chamar *mídias*?
   a) Após o advento da fotografia.
   b) Após o advento da cultura computacional.
   c) Desde a Antiguidade.
   d) Nunca. O uso do termo *mídia* deve ser evitado para designar os meios de comunicação.
   e) Nunca. *Mídia* e *meios de comunicação* designam coisas diferentes.

As linguagens e as transformações da comunicação

4. Qual é a diferença entre a escrita em si e a escrita na era de Gutenberg?

   a) A noção de escrita é mais ampla do que sua forma impressa.

   b) Não há diferença entre a escrita em si e a escrita na era de Gutenberg.

   c) A escrita em si não tem qualquer relação com a escrita na era de Gutenberg.

   d) Não existe a escrita em si.

   e) A era de Gutenberg pôs fim à escrita.

5. Com relação à cultura das mídias, é correto afirmar que a cultura das mídias:

   a) é o mesmo que cultura de massa.

   b) anula a cultura de massas.

   c) corresponde ao início da era industrial.

   d) surgiu entre a era massiva e a era digital.

   e) ainda não se consolidou efetivamente. Pode-se dizer que é uma cultura do futuro.

Capítulo

03

As linguagens visuais da comunicação

Conteúdos do capítulo:

- Linguagens e signos visuais.
- Comunicação audiovisual.

As linguagens visuais da comunicação

Neste capítulo o leitor encontrará uma discussão sobre o que são linguagens visuais como sinônimos de representações visuais ou de formas visuais e seus pontos de contatos com as imagens visuais. Alguns questionamentos a serem respondidos são: O que diferencia as linguagens visuais *tout court* das imagens visuais da comunicação? Por que elas são chamadas de linguagens da comunicação?

Essas perguntas podem ser respondidas assim: a Revolução Industrial, com as máquinas de produção de linguagem que nela foram inventadas – como o telégrafo e a câmera fotográfica –, deu início àquilo que pode ser chamado de *era da comunicação*. Depois da fotografia se seguiu uma série de outras tecnologias produtoras de imagens. Entretanto, a maior parte dessas tecnologias, que tiveram como precursor o cinema, não são estritamente visuais, mas **audiovisuais**.

Com isso, a composição de linguagens que compõem o audiovisual é colocada em pauta.

3.1
Como evitar as ideias fora do lugar

A visualidade é um campo tão complexo quanto o campo da linguagem verbal, de um lado, e o da linguagem sonora, de outro. Em outro trabalho (Santaella, 2001b), defendi que esses três campos – visual, verbal e sonoro – se constituem nas três matrizes da linguagem e do pensamento que estão na raiz de todos os seus desdobramentos e misturas que o ser humano foi desenvolvendo ao longo de muitos séculos. Tendo tal complexidade em vista e submetendo o exame apenas ao campo da visualidade, de saída temos algumas ideias e alguns conceitos que devem ser colocados nos seus devidos lugares. Não há nada pior do que iniciar o esquadrinhamento de um tema com as ideias fora do lugar. *Colocar no lugar* não significa impor convicções particulares sobre o ouvinte ou leitor, mas, sim, buscar as fontes das ideias em pesquisadores e pensadores que delas trataram com honestidade e rigor.

Antes de pensarmos nas linguagens visuais, é recomendável retrocedermos para a diferença que Gibson (1950), reconhecido teórico da percepção visual ecológica, estabeleceu entre o **mundo visual** e o **campo visual**. O primeiro contempla tudo aquilo que o mundo oferece à nossa apreensão e percepção por meio do sentido da visão, ou seja, do nosso equipamento ocular e cerebral, auxiliado pelo sentido háptico-espacial, atuando todos conjuntamente. O segundo, é o mundo visual recortado por aquilo que nossa visão contorna e alcança. O mundo é vasto, mas nosso campo de visão é sempre limitado em relação a essa vastidão.

Dessa oposição já podemos extrair a ideia de **percepção visual**. O que chega para nós, quando estamos de olhos abertos, são objetos, paisagens e composições organizadas de coisas.

Mesmo diante do desordenado, do caótico, do informe, a percepção tem o poder de nos devolver um julgamento perceptivo. Tanto é que somos capazes de perceber que algo que se apresenta à visão pode receber o atributo de caótico. Essas questões foram magistralmente tratadas na *Gestalt,* ou psicologia da forma, que é também uma filosofia da percepção, surgida na Alemanha no começo do século XX e que se tornou bastante conhecida por todos aqueles que trabalham com linguagens visuais, especialmente no *design.*

Gestalt, em alemão, muito mais do que forma, significa "estrutura" e "organização", mas o termo *forma* acabou se fixando como sua tradução em muitos países. Segundo Guillaume (1966), a teoria da forma é um misto de filosofia e psicologia. Sua importância se deve não apenas ao fato de ela ter contribuído com uma teoria coerente da percepção, mas também por ter introduzido em uma teoria unificada a noção de estrutura na interpretação tanto do mundo físico quanto do mundo biológico e mental.

Para os propósitos deste capítulo, aquilo que a teoria gestáltica tem de mais importante encontra-se no papel fundamental ocupado pelas formas visuais nessa teoria que se desdobra nas "condições objetivas e definições precisas dos caracteres distintivos dessas formas, tais como espacialidade, direções privilegiadas no espaço, delimitação, propriedades funcionais de figura e fundo, função e articulação interior dos elementos da figura etc."

(Santaella, 2001b, p. 203). Esses são elementos que nos auxiliam quando nos propomos a fazer a leitura de signos visuais.

Entretanto, quando falamos de percepção, já estamos falando de linguagens visuais? Semioticistas mais ousados podem afirmar que sim, inclusive discorrendo convincentemente sobre isso. Para as finalidades deste capítulo, não me parece necessário ir tão longe. Passemos, assim, para a primeira pergunta: Qual é a diferença entre *percepção visual* e *linguagem visual*?

A primeira, como foi brevemente explicado, diz respeito àquilo que se apresenta do mundo lá fora ao nosso sentido visual. "Lá fora" significa que não se trata de alucinações nem de vagas e fugidias memórias visuais, tampouco de sonhos, pois estas são visualizações internas e não perceptivas. O que caracteriza a percepção visual – ou qualquer outro tipo de percepção, auditiva ou sonora, por exemplo – é que ela é acompanhada por um senso de externalidade. Sem isso, não seríamos capazes de distinguir uma alucinação sonora ou visual de uma percepção.

As linguagens visuais, por seu lado, referem-se às formas visuais estruturadas como linguagem, isto é, às formas visuais representadas. O que isso quer dizer? São formas visuais produzidas pelo ser humano e, por isso mesmo, organizadas como linguagem; ou seja, são sistemas de signos que representam algo do mundo visível ou, em caso limite, apresentam-se a si mesmas como signos. As linguagens visuais inventadas pelo ser humano, desde as inscrições nas pedras das cavernas, são muitíssimas e diversificadas. Contudo, antes de tais considerações, passemos para a segunda pergunta: Por que, neste caso, chamar de *linguagem visual* é mais adequado do que chamar simplesmente de *imagem*?

É preciso lembrar que, apesar de ser muito utilizada como sinônimo de *linguagem visual*, *imagem* não é necessariamente visual, pois há imagens sonoras e imagens verbais de que a literatura e, principalmente, a poesia se alimentam. Portanto, as denominações *linguagens visuais*, *signos visuais*, *representações visuais* e *formas visuais* são mais específicas do que a palavra *imagem*. O que se defende aí é apenas a especificidade, visto que a amplitude da grade semântica da palavra *imagem* não é segredo para ninguém.

> Conforme já foi exposto em Santaella e Nöth (1998: 36-42), há pelo menos três principais domínios da imagem: (1) o domínio das imagens mentais, imaginadas, (2) o domínio das imagens diretamente perceptíveis, (3) o domínio das imagens como representações visuais (desenhos, pinturas, gravuras, fotografias, imagens cinematográficas, televisivas, holográficas e infográficas). (Santaella, 2001b, p. 188)

Mitchell (1986, p. 10) apresenta uma extensão desses três domínios, quando inclui na lista imagens verbais (metáforas, descrições) e quando divide as representações visuais em (1) imagens gráficas (desenho, pintura, escultura etc.) e (2) imagens óticas (espelhos, projeções). A palavra *imagem* deriva do "termo grego *eikon* que abarcava todos os tipos de imagem, desde pinturas até estampas de um selo, assim como imagens sombreadas e espelhadas" (Santaella, 2001b, p. 188). Estas últimas eram tidas como naturais, as primeiras como artificiais. Como podemos perceber, as representações visuais – ou linguagens visuais – correspondem a um ou a dois entre os domínios das imagens, tal como aparece no item 3 descrito anteriormente, um item que pode também ser expandido para as imagens de projeções.

Entretanto, neste ponto, a preferência por *formas visuais* em vez de *imagem* pode ser questionada, pois *forma*, tanto quanto *imagem*, não se restringe ao visual. Trata-se de um conceito que, assim como imagem, é repetidamente empregado tanto na música quanto na linguagem verbal. Além disso, *forma* pode ser tomada como um mero atributo ou propriedade da imagem. Mesmo levando esses quesitos em consideração, o conceito de forma é importante quando se busca explicitar o significado de *representações visuais*, pois estas são, sobretudo, formas representadas visualmente.

Fique atento!

Gibson (1951) é um autor que restringe o termo *forma* ao universo visual, por ele analisado sob três enfoques: (1) o do universo perceptivo, que descartamos para este capítulo; (2) o das formas geométricas abstratas, que também se afasta, até certo ponto, do nosso foco; e (3) o das representações, inclusive as projeções sobre superfícies, que coincide com aquilo que aqui nos interessa, uma vez que pretendemos tratar das linguagens visuais da comunicação.

A classificação de Gibson das **formas visuais**, consideradas como **representações visuais**, é tão acurada que vale a pena conferi-las a seguir.

1.1 Forma em esboço: traçados físicos feitos com tinta, lápis ou pintura em uma superfície [...].

1.2 Forma pictórica: [...] qualquer representação de um objeto físico em uma superfície através de desenho, reprodução, pintura, fotografia ou outros meios. Isto incluiria esboços, silhuetas, vistas aéreas, desenhos de engenharia e desenhos de perspectiva, estendendo-se até as transparências, imagens projetadas em uma tela, filmes e, em síntese, toda a vasta variedade das coisas que chamamos de imagens visuais.

1.3 Forma do plano: esboços indicando a projeção do plano ou visão do plano das bordas de uma forma de superfície. Uma visão do plano é exemplificada por um desenho de engenharia.

1.4 Forma perspectiva: esboços indicando uma projeção perspectiva ou visão perspectiva das bordas de uma forma de superfície. [...]

2.5 Forma sem sentido: traçados em uma superfície (uma forma pictórica) que não representam especificamente [...] um objeto reconhecível. (Santaella, 2001b, p. 204)

3.2
Há linguagens específicas da comunicação?

Todos os esclarecimentos anteriores são uma tentativa de evitar equívocos terminológicos. Estando isso, de certa maneira, resolvido, podemos passar a chamar as representações visuais, as formas visuais e mesmo as imagens estritamente visuais simplesmente de *linguagens visuais* que, à luz daquilo que foi discorrido no Capítulo 1, são sinônimos de *sistemas de signos visuais*. Resta definir, no entanto, quais são as linguagens da comunicação. Por que nem todas as linguagens visuais são consideradas linguagens da comunicação? As linguagens da arte, do desenho,

As linguagens visuais da comunicação

da pintura, da gravura, assim como as linguagens da escultura e da arquitetura, por exemplo, não são chamadas de *linguagens da comunicação*. Vejamos por quê.

A fala e a comunicação que ela possibilita constituem, de saída, um dos fatores centrais que definem a humanidade do ser humano. Muitos outros animais estão geneticamente equipados com sistemas simbólicos: abelhas dançam, formigas trabalham, raposas mentem, só para dar alguns exemplos. No entanto, a fala é exclusiva do humano. No Capítulo 2 ficou evidente que da fala foram historicamente derivados todos os outros sistemas de linguagem e de comunicação fomentadores de formações culturais e ambientes sociais que lhes são próprios. Isso é um bom indicador de que o ser humano é um ser de linguagem e de comunicação, ou seja, desde sempre se comunicou. Se assim for, então por que é legítimo colocar ênfase em linguagens que são específicas da comunicação?

Para os nossos antepassados, a comunicação não se colocou como uma questão a ser problematizada. Embora existam passagens sobre a linguagem nos textos dos filósofos gregos, assim como as questões acerca dos signos tenham sido temas constantes dos medievais, a comunicação em si não foi um problema discutido. Quando foi, então, que esse problema se colocou historicamente? Para responder, basta se dar conta do momento em que o campo da comunicação começou a se constituir como tal. Ora, isso se deu há apenas pouco mais de um século, justamente quando surgiram os primeiros sinais da comunicação massiva. Por isso, muitas vezes a comunicação ainda costuma ser restritivamente concebida como sinônimo de comunicação de massa ou de indústria cultural, quer dizer, sinônimo das primeiras teorias que tiveram como objeto os fenômenos comunicacionais. No primeiro caso, encontram-se especialmente a linguagem publicitária e as campanhas políticas no início do século XX nos Estados Unidos. No segundo caso, encontram-se as teorias críticas à mercantilização capitalista dos bens culturais, ou melhor, das linguagens nos circuitos dos meios de comunicação de massas. Essas teorias são também conhecidas sob a rubrica de *Escola de Frankfurt*.

Tendo isso em vista, pode-se afirmar que a era da comunicação começou justamente no alvorecer daquilo que alguns autores chamam de *Segunda Revolução Industrial*. Por que *segunda*?

Não é possível separar a Revolução Industrial do desenvolvimento do capitalismo e suas práticas mercantis. Isso se deu a partir do século XVI, quando o comércio possibilitou às nações europeias acumular riquezas. Por várias razões (ver Sousa, 2019a), a Inglaterra foi a primeira a moldar, no século XVIII, as feições do

As linguagens visuais da comunicação

capitalismo mercantilista que deu origem a Revolução Industrial. Ora, costumam ser muito lembradas pelos historiadores e sociólogos as primeiras máquinas industriais, introduzidas nas incipientes fábricas da época. Entretanto, a Revolução Industrial também permitiria o desenvolvimento de outros tipos de máquinas que modificaram a cena da cultura no século XIX – a mais notável entre elas, a máquina fotográfica. Sob esse aspecto, chamar esse período de *Segunda Revolução Industrial* parece bastante legítimo (Sousa, 2019b).

Portanto, tudo indica que podemos considerar a fotografia foi o marco inaugural de todas as tecnologias de linguagem que a sequiram depois dela no decorrer do século XX até os nossos dias. Como já foi visto no Capítulo 2, em um primeiro momento, essas novas tecnologias de linguagem – jornalismo, fotografia, cinema, rádio e televisão – foram chamadas de *meios de comunicação de massas*. Então, a partir dos anos 1980, quando o computador tornou-se meio comunicacional interativo e planetário, todas as cartas do jogo comunicativo foram embaralhadas, e todas as tecnologias de linguagem passaram a ser chamadas de *mídias*, dando origem a uma espécie de "mídiamania" que se espraiou pelos cursos de comunicação no Brasil (Santaella, 2007b, p. 75-98; 2007c, p. 201-209).

Por tais razões, parece aceitável considerar que as linguagens da comunicação são aquelas que foram brotando a partir da

Segunda Revolução Industrial. O mais curioso é que essas linguagens se apresentam, todas elas, sob **o domínio da visualidade**, o que levou muitos autores a declarar que o século XX foi o século da imagem. Não vamos entrar na relativização dessa afirmação, quando se sabe que nunca tantos textos verbais foram publicados e arquivados como no século XX. O que parece mais oportuno neste momento é colocar em pauta outra discussão. Que tipo de visualidade é essa que comparece nos meios de comunicação, desde o início do jornalismo até os dias de hoje? Até que ponto podemos chamar essas linguagens de *visuais* quando, na realidade, a maior parte delas, desde o cinema, é audiovisual e não apenas visual?

> Quando o computador tornou-se meio comunicacional interativo e planetário, todas as cartas do jogo comunicativo foram embaralhadas, e todas as tecnologias de linguagem passaram a ser chamadas de *mídias*.

3.3
Linguagens híbridas

A rigor, estritamente visual é apenas a linguagem da fotografia. Esta, não por acaso, em pouco tempo, quando incluía atributos estéticos em sua linguagem, foi alçada ao panteão das artes, penetrando nos domínios das galerias e museus. Também apenas visual seria a linguagem do cinema mudo. Todavia, por se tratar aí de imagens em movimento, que visam desenvolver uma narrativa, mesmo esse tipo de linguagem não pode ser considerado semioticamente apenas visual; afinal, toda narrativa visual assim se constrói sobre a base de um *script*, que é verbal. Outra linguagem estritamente visual pode ser encontrada na imagem computacional 2D ou 3D, quando não vem acompanhada de uma trilha sonora. O mesmo se poderia dizer do vídeo, muito embora este sempre tenha um subsídio narrativo. Há, contudo, vídeos meramente descritivos, o que os colocaria no campo estrito da visualidade, caso não venham também acompanhados de uma trilha sonora.

Por mencionar a trilha sonora, é preciso lembrar também que a linguagem da comunicação estritamente sonora é a linguagem do rádio, feita apenas para ser escutada. Isso lhe concede certos privilégios como o fato de que a escuta prescinde da necessidade de estar parado diante do som, ao contrário da visualidade, que depende da atenção concentrada dos olhos naquilo que a eles chega. Vem daí o sucesso da audição do som enquanto se caminha pelas ruas, algo que começou com o *walkman* e que hoje se tornou corriqueiro nas conexões do celular com o *streaming* de músicas na internet. Basta um toque na tela e um pequeno fone no ouvido para que o som tome a gerência da vida.

Perguntas & respostas

Por que a teoria gestáltica é importante no que diz respeito à visualidade?

A teoria gestáltica marcou época e continua importante até hoje porque ela levantou, por meio de pesquisas empíricas, as leis que governam a visualidade. Essas leis podem ser percebidas em todo ato de ver. São elas: espaço, direção, figura e fundo e distribuição dos elementos visuais na figura.

Por que nem todas as linguagens visuais são linguagens da comunicação?

Para responder a essa pergunta, é preciso considerar que a era da comunicação é muito recente, tendo nascido nas transformações operadas nas sociedades pela Revolução Industrial. Esta possibilitou o desenvolvimento de novos meios de produção de linguagem, os quais inauguraram a comunicação de massas. Por isso, costuma-se chamar de *linguagens da comunicação* as linguagens dos meios massivos. Entretanto, hoje as linguagens da comunicação se expandiram para a era da internet. Para sintetizar, linguagens da comunicação são aquelas que são utilizadas para as relações comunicacionais nas sociedades massivas e pós-massivas.

As linguagens visuais da comunicação

Voltando à temática das misturas, desde o jornal as linguagens visuais da comunicação assumiram um caráter híbrido, em que outras linguagens se misturam ao visual. No jornal, processa-se uma mudança significativa no caráter da linguagem verbal: da linearidade própria do livro passa-se a uma natureza diagramática, misturada a outros atributos visuais, como a fotografia, o tamanho e a distribuição diferenciada dos tipos gráficos das palavras –, as quais, no jornal, quase se transformam elas mesmas em linguagem visual, algo que também acontece em alguns *outdoors* publicitários e mesmo em anúncios de revistas e jornais.

Então, do cinema para a televisão e mesmo para os vídeos, especialmente no caso dos documentários, assistimos à ascensão do audiovisual nas linguagens visuais da comunicação. De resto, *audiovisual* é uma palavra que não é capaz de descrever a riqueza semiótica das misturas que estão implicadas nessas linguagens. Antes de nos acercarmos desse tema, uma outra questão merece ser visitada, ou seja, a da diferença entre imagens fixas e imagens em movimento.

Para isso, vale-nos a ajuda preciosa de Aumont (1993, p. 160), que divide as imagens em temporalizadas e não temporalizadas. Como o próprio nome diz, a primeira se refere às imagens "que se modificam ao longo do tempo, sem a intervenção do espectador e apenas pelo efeito do dispositivo que as produz e apresenta". As não temporalizadas são aquelas "que existem idênticas a si próprias no tempo". [...] Aumont estabelece um outro conjunto de distinções, entre os quais [está] o da a imagem fixa vs. imagem móvel. A imagem fixa é certamente uma imagem não temporalizada [...]. Em Santaella e Nöth (1998: 76), definimos a imagem fixa como aquela cujo dispositivo a registra em um suporte fixo. Sendo fixo, por limitações do próprio suporte, esse tipo de imagem organiza-se muito mais sob o domínio da sintaxe espacial do que temporal.

Isso cabe, sem dúvida à fotografia e caberia à publicidade impressa, caso esta não fosse sempre híbrida, pois, via de regra, mistura o visual e o verbal.

Para atar as pontas desta discussão, não é difícil perceber que as formas visuais em movimento, tais como aparecem no cinema, na TV, no vídeo e na computação gráfica, são linguagens híbridas, nas quais se processa a **convivência e a interconexão do visual com o sonoro e o verbal**. Aliás, a questão do sonoro nos meios audiovisuais é mais complicada do que se pensa, pois, além da trilha sonora, dos ruídos ambientes, há a inserção dos diálogos que, segundo Havelock (1996) e Ong (1998), constituem-se como uma segunda oralidade.

3.4
As complexidades do audiovisual

Complementando aqui um tema iniciado no Capítulo 2, segundo Welch (1990, p. 26-30), a apresentação que Havelock (1996) e Ong (1998) fizeram da oralidade e da escrita as insere em uma divisão ternária que eles chamam de *história da consciência*.

A primeira parte dessa divisão consiste na oralidade primária, antes da invenção do alfabeto fonético pelos gregos. Nesse período, o conhecimento cultural era transmitido oralmente aos jovens através de narrativas. Portanto, a escuta tinha aí uma importância fundamental.

Esse período foi seguido pela escrita, cuja grande capacidade de ser interiorizada, junto com seus meios de preservação da memória cultural, instaurou um novo modo de pensar e, assim, uma segunda fase da consciência. Tudo isso foi fortalecido na era de Gutenberg que, em virtude da linearidade imposta pela impressão da escrita, produziu, inclusive, mudanças nas formas de pensamento e memória.

A terceira divisão, por sua vez, que é de interesse para as considerações acerca das linguagens visuais da comunicação, caracteriza-se pela segunda oralidade que começou com a invenção do telégrafo, avançou para o cinema e ganhou ainda maior intensidade com a televisão e o vídeo.

Havelock e Ong também chamam atenção para o fato de que essas divisões não correspondem meramente a estágios sucessivos. Eles são recursivos e reforçam-se uns aos outros. Prova disso é a segunda oralidade, a qual invadiu os meios audiovisuais. Mais complicada do que as explicações anteriores acerca da hibridação das linguagens audiovisuais é aquela que diz respeito à relação interna da música com as imagens em movimento. Quando as imagens são postas em movimento, a imagem, que basicamente se localiza no registro da visualidade no qual domina a espacialidade, fica impregnada de **tempo**. Imagem em movimento implica duração, corte, ritmo, aceleração, retardamento; enfim, fica impregnada de características que são próprias da composição sonora e musical. Portanto, além da trilha sonora e dos ruídos que são inseridos no audiovisual, há dentro dele, na sua própria organização interna, a incorporação de traços composicionais que pertencem sobretudo à música.

Além disso, para aumentar ainda mais a complexidade do audiovisual, quando as imagens em movimento pretendem desenvolver uma narrativa, todo discurso narrativo tem sua base na matriz verbal. Nenhuma narrativa visual pode ser produzida sem que ela tenha sua base em um roteiro ou um *script*, mesmo quando esse *script* está registrado apenas na mente do diretor de filmagem para o comando de seus colaboradores.

As linguagens visuais da comunicação

Para complicar muito mais tudo isso, com a chegada do computador e da linguagem hipermídia que se estrutura nas redes, o hibridismo de linguagens, que já se insinuava no jornal e alcançava novos tipos de misturas com a inclusão do som, chegou ao seu ápice na hipermídia. Esta, inclusive, introduziu um processo inédito de organização de linguagem por meio de nós e conexões que se espraiam rizomaticamente nas redes.

Em resumo, linguagens visuais da comunicação são aquelas que surgiram a partir da fotografia, mesmo com a ressalva de que a maior parte dessas linguagens não é apenas visual. Mais que isso, são linguagens audiovisuais, um áudio que, na maioria das vezes, incorpora a segunda oralidade.

Para saber mais

Sob o nome de *imagens tecnológicas*, transcorri sobre os modos de representar, significar e de interpretar de todas as linguagens visuais da comunicação. Para evitar repetições, remeto o leitor para o livro *Linguagens líquidas na era da mobilidade*, que, passo a passo, explica o modo semiótico de operar da fotografia, até a computação gráfica, a holografia, as imagens voláteis das câmeras móveis e a hipermídia.

SANTAELLA, L. **Linguagens líquidas na era da mobilidade**. São Paulo: Paulus, 2007.

3.5
O retorno à percepção

A questão da percepção foi descartada no início deste capítulo. Entretanto, ela agora deve retornar, uma vez que a recepção de todas as linguagens visuais da comunicação, embora sejam representações visuais – ou seja, sistemas de signos visuais –, são também apreendidas pelo nosso sistema perceptivo tanto quanto depende da percepção a apreensão do mundo visual em aberto que se apresenta a nós. Para compreender a diferença entre ambos os modos de se perceber, Gibson (1954, p. 9-23) reúne boas informações.

"A percepção dos objetos do mundo corresponde a uma percepção direta, enquanto a percepção das representações é uma percepção mediada" (Santaella, 2001b, p. 207). *Mediada* significa justamente que se trata de uma linguagem fabricada pelo ser humano a partir de convenções que se modificam ao longo do tempo e, no caso das linguagens da comunicação, por meio de tecnologias que se prestam à produção e à transmissão dessas linguagens. Sob esse aspecto, destacamos "a importância das peculiaridades do meio, [do] suporte e [de] materiais na constituição de uma forma de representação visual. Esses meios são a fonte [...] de distinção das representações entre si" (Santaella, 2001b, p. 208).

Assim são as tecnologias fotográficas, cinematográficas, televisivas, videográficas etc., as quais são produzidas a partir daquilo "que Gibson [1954] chama de substitutos (*surrogates*). Substitutos visuais são, por exemplo, desenho, pintura, gravura, escritura, fotografia, cinema, televisão, esculturas, brinquedos, modelos etc." (Santaella, 2001b, p. 207). São assim chamados porque replicam em formas representativas a visão que temos de objetos do mundo.

O que há aí, portanto, são signos visuais, audiovisuais e, mais contemporaneamente, signos hipermidiáticos. Estes se constituem em objetos de estudo da semiótica e podem ser compostos de uma maneira tal que costuma ser chamada de *estética* pelo simples fato de que a estética é aquilo que faz toda a diferença.

Síntese

Este capítulo discutiu o que são signos visuais. Para isso, fez uso de conceitos extraídos de autores considerados fundamentais para o tema. Também discutiu por que se pode falar em signos que são específicos da comunicação, ou seja, aqueles que aparecem nos meios que existem com a finalidade precípua de informar e de comunicar. Por fim, foi apresentado o conceito de linguagens híbridas, ou seja, as linguagens que são próprias dos meios de comunicação desde o jornal até a internet.

Questões para revisão

1. Qual é a diferença entre signos visuais perceptivos e signos visuais representativos?

2. Por que todas as linguagens, desde o jornal, são linguagens híbridas?

3. Analise as assertivas a seguir sobre as linguagens visuais.

   I) Nenhuma linguagem visual é pura, visto que todas elas se mesclam a outro tipo de linguagem.

   II) Os signos visuais representativos também incluem os signos perceptivos.

   III) Nem todas as linguagens visuais são comunicacionais.

   Está(ão) correta(s) apenas a(s) assertiva(s):

   a) I e III.

   b) I e II.

   c) II e III.

   d) II.

   e) III.

4. Quantos são os domínios dos signos visuais?

   a) Os signos visuais pertencem a um só domínio.

   b) São três os domínios dos signos visuais.

   c) Os domínios dos signos visuais são dois.

   d) Os domínios dos signos visuais são cinco.

   e) Os signos visuais não cabem em domínios.

5. Todos os sistemas de linguagem e comunicação são derivados

   a) dos meios industriais.

   b) dos meios visuais.

   c) da cultura.

   d) da fala.

   e) da audição.

Capítulo

04

A reflexão estética na arte e na filosofia

Conteúdos do capítulo:

- Teoria da estética.
- A história do belo e da estética.

A teoria do belo e da estética, de certa forma, passou pela obra de todos os grandes filósofos ocidentais. Diante da vastidão desse conhecimento acumulado ao longo dos séculos, este é apenas um modesto capítulo dedicado a uma apresentação muitíssimo concisa desse acervo. O objetivo é apresentar ao leitor uma visão panorâmica do tema e indicar fontes para aqueles que, tendo sua curiosidade despertada, tiverem o interesse de ir além.

Para saber mais

Em 1994, publiquei um livro com o título de *Estética: de Platão a Peirce*. Essa publicação seguiu, tanto quanto possível, os cuidados de uma pesquisa rigorosa. Afinal, coletar, na obra complexa de filósofos, as reflexões desenvolvidas durante séculos sobre a questão do belo não é uma tarefa fácil. Ainda mais difícil é tratar de colocar toda essa informação na brevidade de um capítulo, que é, de resto, a tarefa que aqui me cabe. Assim sendo, o que será apresentado neste capítulo pode ser considerado como uma espécie de ponta do *iceberg* do livro citado anteriormente. Felizmente, uma recente edição digital desse livro (Santaella, 2017a) foi lançada, o que pode facilitar a consulta para o leitor deste capítulo, caso julgue isso necessário.

SANTAELLA, L. **Estética**: de Platão a Peirce. São Paulo: Experimento, 1994.

4.1
Uma síntese panorâmica

Antes de entrarmos em uma discussão mais detalhada das estéticas filosóficas, como uma espécie de *trailer* introdutório para o leitor, neste tópico apresentamos um resumo a respeito do desenvolvimento das estéticas filosóficas que marcaram as reflexões sobre o belo no Ocidente.

A questão do belo, que marcou o nascimento da estética no Ocidente, pode ser agrupada em três grandes momentos:

1. As teorias do belo e o alvorecer das reflexões sobre a arte, desde Platão e Aristóteles até a era medieval e, então, a Renascença.

2. O surgimento do problema relativo ao sujeito que percebe o belo, especialmente entre os empiristas ingleses do século XVII, de que se originou o que ficou conhecido como o *paradoxo do gosto*, herdado por Immanuel Kant (1724-1804). Este colocou sua terceira crítica, a *Crítica do julgamento* (1952), como obra inaugural da idade de ouro da estética, que também foi desenvolvida por Friedrich Wilhelm Schelling (1775-1854) e, então, por Georg Wilhelm Friedrich Hegel (1770-1831).

3. No século XIX, com Schopenhauer (1780-1860) e Friedrich Nietzsche (1844-1900) e, no século XX, com Heidegger (1889-1976), o belo foi desaparecendo do discurso estético, sendo substituído pela discussão sobre a arte e o objeto artístico.

A reflexão estética na arte e na filosofia

Desde então, as reflexões sobre estética deslocaram-se para o discurso da arte, muito embora tenham aparecido e continuem aparecendo, do punho de filósofos, obras importantes sobre a temática, como é o caso da prestigiosa produção teórica de Theodor W. Adorno (1903-1969) e de outros.

∴ Primeiro momento

Foi apenas no século XVIII, conforme já enunciado no Capítulo 1, que a palavra *estética* foi instituída para nomear não só uma área de estudos, mas uma ciência que, seguindo a etimologia da palavra, se coloca como a ciência do conhecimento sensível, aquele que adquirimos por meio dos sentidos. O que se tem aí é uma proposta, à primeira vista, bastante antagônica ao racionalismo da *Crítica da razão pura*, de Kant (1929). Tão antagônica que, levando o desafio à frente, Kant escreveu sua terceira crítica, a *Crítica do julgamento* (1952), dedicada especificamente ao juízo sobre o belo, conforme será detalhado mais adiante.

Baumgarten (1714-1762), fundador da estética como ciência, o objeto de estudo mais apropriado é tudo aquilo que possui o atributo de ser belo. Assim, a estética tornou-se uma ciência cujo território de reflexão encontra nas produções artísticas seus privilegiados objetos de manifestação. Essa é uma síntese do nascimento da estética.

A consolidação da estética como ciência autorizou os estudiosos a buscar no passado filosófico os pensadores que dedicaram suas reflexões ao belo, mesmo que, naquele tempo, não houvesse a intenção de incorporar essas reflexões em uma disciplina específica e autônoma com o nome de *estética*. Sob esse aspecto, já em Platão [ca. 428 a.C.-348 a.C.] encontramos passagens sobre a beleza, por exemplo, em *Hípias maior* (1980), *Fedro* (1997) e *O banquete* (1991). Em cada uma delas, a beleza é pensada em perspectivas distintas, mas complementares, sob os viéses da perfeição, das almas e da beleza em geral, respectivamente. Esta só se completa na sua relação inseparável com o bom e o verdadeiro e isso se constitui na **tríade do idealismo platônico**, pois essa harmonia entre os bens pertence ao mundo das ideias, ou melhor, dos ideais abstratos que os humanos só poderiam alcançar por meio da ascese filosófica.

Embora seja reducionista dizer que Aristóteles (384 a.C.-322 a.C.) tratou do belo apenas em sua *Poética* (1966), é nela que a maioria dos autores localiza as reflexões aristotélicas sobre o tema. Menos idealista do que Platão, Aristóteles se preocupou com novas questões que podem ser sintetizadas na sua teoria da mimese e da catarse. A palavra *mimese* significa *imitação*, porém não é nesse sentido estrito que Aristóteles a tomou. Para ele, mimese é criação ou *poiesis*. Nesse caso, apenas a arte pode ser mimética, pois, longe de uma mera reprodução, ela é, por natureza, transformadora.

A *Poética* é, assim, um tratado sobre as exigências e os princípios estruturais das obras poéticas. A tragédia é por Aristóteles privilegiada porque, na encenação dramática radical do trágico, produz a catarse como efeito. Esta se refere ao efeito de purgação das paixões e purificação do espírito que Aristóteles considerava como o efeito estético mais elevado que a arte pode alcançar.

Na Idade Média, a beleza ganhou bases teológicas a serviço da evangelização. Assim como Platão considerava que o bem supremo se encontrava na ascese somada à harmonia perfeita entre o belo, o bom e o verdadeiro, os medievais também acreditavam que a beleza suprema não pertencia ao mundo terreno – a beleza no mundo humano só poderia ser reconhecida se refletisse a beleza divina. Como exemplo do pensamento estético do medievo, podemos citar a obra do filósofo Santo Tomás de Aquino (1225-1274), tal como foi estudada por Umberto Eco (1988). O autor explica que a beleza para os medievais só poderia ser concebida "na sua aparição como realidade puramente inteligível, como harmonia moral ou esplendor metafísico" (Eco, citado por Santaella, 1994, p. 34). Entretanto, isso não colocava no esquecimento a beleza sensível. Para Umberto Eco, Aquino conseguiu exemplarmente conciliar esses dois princípios.

O Renascimento, que se refere à civilização europeia entre 1300 e 1650, foi um marco decisivo na história da estética, pois coincidiu com o momento em que ocorreu a emancipação da arte dos ditames religiosos. No Renascimento, a estética foi reconhecida como reencarnação dos valores greco-romanos, o que reconduziu **o ser humano como ponto de referência** para se pensar sobre o belo com base em renovados pontos de vista.

Foram muitas as inovações nesse período, como a representação pictórica realizada por meio da utilização das relações geométricas da perspectiva monocular para retratar paisagens, arquiteturas e o ser humano. A arquitetura adaptou-se à proporção e ao uso humanos, enquanto a música consolidou o sistema tonal, que viria fazer história nos séculos que se seguiram no Ocidente. Como consequência de tudo isso, deu-se o desenvolvimento da autonomia do belo em detrimento da esfera moral. O advento do capitalismo mercantilista e o antropocentrismo nascente alimentaram as produções artísticas, transformando em "artista" aquele que produz objetos estéticos.

No século final do Renascimento, ou seja, o século XVII, emergiu especialmente na Inglaterra, o discurso sobre o sublime e o gosto, que Kant iria herdar. Para Ashley Cooper (1671-1713), também conhecido como Conde de Shaftesbury, pensar a estética implicava considerar a experiência do sublime. Para ele, o sentimento – ou o julgamento – do belo provém de uma apreensão imediata, quase inocente, que se distingue de qualquer finalidade moral ou utilitária (Hofstadter; Kuhns, 1976). Aí estavam as sementes do julgamento desinteressado do belo que Kant depois desenvolveu com sutileza nos detalhes.

Todas essas questões estavam apenas preparando o território para a ebulição da estética que viria no século XVIII.

∴ Segundo momento

Sabe-se da importância que os filósofos ingleses, conhecidos por seu empiricismo, desenvolvido dos séculos XVI ao XVIII, deram à percepção. Menos lembrada é a faculdade do gosto que foi também discutida no contexto de algumas de suas obras. Segundo Dickie, Sclafani e Roblin (1977), tudo começou quando Addison (1672-1719) levantou vagamente a questão da imaginação. Hutcheson (1694-1746), então, pensou no sentido interno da beleza como reação aos estímulos externos. Burke (1729-1797), por sua vez, substituiu a faculdade subjetiva do gosto pela propensão para experimentar o prazer e a dor, ao passo que Hume (1711-1776) preocupou-se com as consequências lógicas da faculdade do gosto.

Derivadas dessas preocupações, colocavam-se várias questões: antes de tudo, o prazer, ou seja, a reação interna produzida pelo gosto; o tipo de objeto ao qual a faculdade do gosto reage; o julgamento do gosto em si, quer dizer, as características de um objeto percebido que provocam uma reação na faculdade do gosto, produzindo o prazer como resultado; e, por fim, a noção do desinteresse, o questionamento a ausência de propósito utilitarista, estava implicada na própria natureza da faculdade do gosto?

Assim se encontrava o estado da questão quando Hume colocou em discussão o **paradoxo do gosto**:

> dado que a preferência estética depende do sentimento, que é distinto da evidência factual e da observação, e dado que os indivíduos evidentemente diferem em relação ao que gostam ou não em termos de poesia e arte, como podem existir algumas opiniões que são imediatamente descartadas como falsas e outras sobre as quais há certa concordância? (Mothersill, 1977, citado por Leal, 2003, p. 186)

Para Hume, a resposta para esse dilema encontrava-se no gosto. Uma vez que há certas qualidades que são agradáveis para todos, deveriam existir "leis do gosto"; o papel do bom crítico seria, portanto, detectar essas qualidades nas obras de arte. Do veredito dado pelos críticos decorre o "padrão do gosto". Entretanto, qual é a natureza dessas leis e qual é o estatuto desse padrão? Hume não respondeu e o paradoxo do gosto foi herdado por seus sucessores.

A reflexão estética na arte e na filosofia

Enquanto os empiristas discutiam os dilemas do gosto, na Alemanha nascia a primeira exposição rigorosamente cartesiana da estética, escrita em latim e publicada em 1750 por Baumgarten (1961). Para ele, o conhecimento se dividia em dois tipos, o superior, obtido pela lógica, e o inferior, obtido pelos sentidos. Este ele batizou de *estética*. Já no primeiro parágrafo do livro, a estética aparece como "teoria das artes liberais, gnoseologia inferior, arte de pensar belamente, arte da razão análoga" (Baumgarten, 1993, citado por Leal, 2003, p. 189). O que interessava a ele era o modo de conhecimento que pode ser obtido pelos sentidos. Para conceder legitimidade à estética, Baumgarten invocou a razão analógica que opera na arte, da qual a razão não dá conta e que tem no belo sua expressão mais perfeita.

De Baumgarten, o conceito de estética, em Kant, adquiriu sentidos distintos. Kant descartou o intuicionismo de seu antecessor, pois esse caminho não lhe permitiria resolver racionalmente os desacordos em matéria de gosto. O que Kant buscava era uma síntese entre o racionalismo e o empirismo, pois também não podia concordar inteiramente com o psicologismo e individualismo deste. Assim, na sua estética, exposta na *Crítica do julgamento* (1952), publicada em 1790, Kant criou uma via intermediária, a idealista, contendo a sua nova interpretação da relação do belo com o prazer. Essa é a terceira crítica de Kant porque ela foi antecedida pela obra *Crítica da razão pura*, de 1781 (Kant, 1929), e *Crítica da razão prática*, de 1788 (Kant, 1914). A primeira desenvolveu uma sistemática explicação dos elementos *a priori* do entendimento, já a segunda discutiu os pressupostos da moralidade, ou, em termos kantianos, da liberdade. Na nova crítica, um terceiro princípio *a priori* foi explicitado, aquele sobre a natureza do prazer e do julgamento do belo. Quais são as condições capazes de embasar o julgamento, quando se diz que algo é belo? Kant chamou de *estética transcendental* os princípios *a priori* da sensibilidade, identificando o belo com uma "finalidade sem fim", quer dizer, uma finalidade que não sai de si para outra coisa – portanto, que se esgota em si mesma.

Em síntese:

na experiência do belo, nossos poderes cognitivos jogam livremente, ao mesmo tempo que se relacionam, de algum modo, com a "forma" do objeto mais do que com seu "conteúdo" sensório. Nesse jogo livre, estabelece-se uma harmonia entre a imaginação e o entendimento, que produz uma espécie de entretenimento dos poderes mentais e gera prazer desinteressado. É em razão disso que Kant confinou o belo puro a padrões orgânicos ou mesmo padrões não reconhecidos como orgânicos, mas que estimulam nossas faculdades perceptivas a uma atividade harmoniosa e livre. As belezas da vida, na natureza e na arte, adulteram-se quando misturadas aos

A reflexão estética na arte e na filosofia

> conceitos de uso, tipo e perfeição. Existem, contudo, certos objetos cuja contemplação produz efeitos estéticos profundos não meramente devidos à sua beleza, mas mais propriamente devidos à sua grandeza e poder. Para esses objetos e efeitos, Kant aceitou o termo sublime [...]. (Santaella, 1994, p. 53)

Schelling foi herdeiro intelectual de Kant, mas procurou ultrapassar dois problemas deixados por Kant: a divisão do sujeito-objeto e a compartimentação das faculdades humanas em entendimento, razão e sensibilidade. Seu idealismo transcendental buscou na intuição um princípio unificador, que encontra na arte a harmonia entre sujeito e objeto, natureza e liberdade, consciente e inconsciente, pois a arte apresenta-se objetivamente como uma oferenda para a intuição estética, ou seja, um tipo de intuição intelectual cuja validade é universal.

De Schelling passamos para Hegel. A obra hegeliana é tão monumental e tão complexa que é perto de uma temeridade extrair desse corpo denso de pensamento umas poucas ideias acerca de suas concepções sobre a estética. Com o risco assumido de inevitável simplificação, seguem-se algumas anotações.

Hegel discordou do ponto de indiferenciação entre o subjetivo e o objetivo que Schelling tomou como pressuposto, sem fundamentar. Por isso, de saída, Hegel perguntou como o subjetivo se constitui. Em que sentido somos nós mesmos? Pelo princípio da negação dialética, só o reflexo no outro nos devolve a nós mesmos. Contudo, como saber se esse reflexo, de fato, reflete a nossa consciência? O caminho de resposta é longo e não vamos atravessá-lo aqui, de modo que elencaremos apenas o resultado das etapas – consciência, autoconsciência, razão, espírito, religião, saber absoluto –, percorridas na *Fenomenologia do espírito* (Hegel, 1979).

O pilar de estética hegeliana fundamenta-se no conceito de verdade. O saber absoluto, que corresponde à última etapa da fenomenologia, é o estágio de liberdade autoconsciente no qual a mente se reconcilia com seus opostos e que se constitui na verdade – em si mesma e por si mesma. O primeiro estágio da mente (ou espírito), na sua forma absoluta, encontra-se no desenvolvimento da arte tal como foi apresentada nos volumes hegelianos sobre estética (Hegel, 1972). Não seguiremos para os outros estágios – religião e filosofia –, pois é a arte que nos interessa aqui.

Que espécie de verdade a arte, especificamente, expressa? A ideia se manifesta concretamente na arte porque também ela "é um modo de expressão do divino, das necessidades e exigências mais elevadas do espírito" (Hegel, 1972, p. 42).

Entendendo como sensória a aparição da ideia, a arte só pode mostrar a aparência da ideia para os sentidos. Portanto, só poderia emergir em sua completude por meio de sua articulação conceitual. Daí a arte ser apenas o primeiro nível, aquele que

A reflexão estética na arte e na filosofia

aparece aos sentidos, de revelação da verdade que a religião e a filosofia têm por tarefa levar adiante. A arte – ou o belo – é, assim, a aparência sensível da ideia. Uma vez que a beleza é expressão da ideia, então o belo deve ser verdadeiro em si. Como pode se dar a equação entre beleza e verdade? A ideia é verdadeira quando é pensada na sua natureza universal. Porém, para isso, ela deve se "realizar exteriormente e adquirir uma existência definida enquanto objetividade natural e espiritual" (Hegel, 1985, p. 173). Assim exteriorizada, "a verdade se oferece à consciência e o conceito fica inseparável da manifestação exterior, a ideia não só é **verdade** como também é **beleza**" (Hegel, 1985, p. 173, grifo do original).

Tendo isso em vista, o belo fica definido como a **manifesta-ção sensível da ideia**. O sensível e a objetividade se unem na beleza porque abandonam a imediaticidade do seu ser, ao se apresentarem como existência e objetividade do conceito – uma realidade que representa o conceito formando um todo com a sua objetividade –, ou seja, são uma manifestação do conceito (Hegel, 1972). A partir desses princípios,

a obra de arte, em Hegel, passaria a ser o "ideal", que é a Ideia em forma sensória, o devir do pensamento reflexivo em que pensamento e forma sensível se conformam um ao outro e convergem em uma unidade imediata. O ideal não é um simples conteúdo predeterminado que é imposto do exterior sobre o veículo sensório de sua expressão. Ao contrário, ele aparece num processo de autoarticulação, que nasce e prossegue a partir da autoatividade artística. Assim, o conteúdo artístico, embora provenha da Ideia, é autodeterminado, tendo, portanto, de ser diferenciado do conteúdo que nasce de uma determinação externa, tal como ocorre na imitação.

[...]

A forma da obra de arte nasce dela de modo imanente. Sua concretude não é nem uma particularidade empírica nem uma forma universal desencarnada. Seu processo de concretização é um processo de formação ativa, onde os dualismos do particular e universal, do sensível e inteligível não operam de modo arbitrário. A arte é, mais propriamente, um universal poético que produz a emergência e concreção (*poiesis*) do significado universal da Ideia, a encarnação concreta do seu ser. Sendo a aparência a emergência concreta e, portanto, a revelação sensória do universal, a obra de arte é, para Hegel, um universal concreto. O concreto é o individual, mas o individual é a união da particularidade e da universalidade. (Santaella, 1994, p. 79-80)

Esse segundo período do pensamento sobre o belo no Ocidente, que culminou com Hegel, como tudo aquilo que atinge o seu clímax, só pode, a seguir, declinar. De fato, depois de Hegel, houve o arrefecimento do pensamento direcionado ao belo, pois, desde Schelling, acentuando-se em Hegel, o belo se uniu à arte e, daí para frente, as reflexões sobre a arte começaram a ganhar terreno, uma tendência que só viria a se acentuar do século XIX ao XX.

∴ Terceiro momento

Schopenhauer pode entrar como uma das figuras inaugurais do terceiro período do pensamento estético ocidental. De dentro do seu pessimismo, expresso na sua obra sobre *O mundo como vontade e representação*, Schopenhauer (1969) propôs apenas duas alternativas como aberturas para o indivíduo: o ascetismo ou a arte. O primeiro ganha do segundo, pois dura no tempo e nos livra da ética convencional. A segunda proporciona um alívio temporário, embora seja certa a permanência de seus produtos no tempo. Para o autor, a arte nasce de um excesso de vontade, que vai além daquilo que é necessário para atender à demanda do desejo saciável e das necessidades práticas (Simpson, 1984, citado por Leal, 2003, p. 193). A contemplação estética é funda-mental porque implica a concentração no "o quê" daquilo que se apresenta, em detrimento do quando, do por quê e do para quê. Isso é liberador, pois nos espelhamos na beleza do objeto e nos regozijamos. Quando aquilo que se apresenta hostiliza a vontade, então dela nos desprendemos na direção do puro conhecimento. Isso Schopenhauer chamou de *sublime*. Há graus de beleza e sublimidade dependendo do grau de objetivação da vontade em que o objeto se enquadra.

A partir das concepções de Schopenhauer, Nietzsche deu uma grande virada na concepção da arte e da beleza que se desenvolveu até Hegel, pois voltou-se para aquilo que a cultura grega havia deixado para trás e que o Ocidente reprimiu: a vertente dionisíaca da vida. Disso extraiu a divisão das artes entre o lado **dionisíaco**, mais presente na música e na tragédia, e o lado **apolíneo**, mais presente nas artes plásticas. "A arte apolínea é a arte do sonhador enfeitiçado pelo charme do seu sonho e incapaz de vê-lo na sua natureza ilusória de sonho. Apolíneo se refere, assim, àquele estado de repouso absorto diante de um mundo visionário, onde as belas e ilusórias aparências descansam no esquecimento do devir" (Santaella, 1994, p. 90). Há assim dois componentes que o belo busca conciliar: o domínio da pura expressão e da forma, de um lado; e a pura matéria, paixão cega tão horrível quanto divina na sua indeterminação, de outro. O belo nasce na junção de ambos, na tragédia grega ou na música, consideradas como o ideal de toda arte (Nietzsche, 1927).

Para livrar a arte e a beleza da metafísica transcendental em que Kant as havia colocado, Nietzsche radicalizou seus significados, dinamitando assim o edifício metafísico em prol das forças da indeterminação dionisíacas, anteriores a qualquer imposição ética e a qualquer dominação sob o nome da verdade. Faremos considerações a respeito de apenas mais um filósofo de grande porte, agora do século XX: Heidegger, pelas marcas indeléveis que deixou para o pensamento sobre a obra de arte e o papel que ela desempenha no resgate do ser. Contemporaneamente ao autor, a reflexão sobre a estética e a arte migrou especificamente para a filosofia e as teorias da arte.

Para Heidegger, a história da filosofia ocidental transformou a busca da verdade em um ideal lógico e abstrato do qual resultou o esquecimento do ser. Para recuperar o ser, é necessário tirar o véu de seu encobrimento metafísico. No seu famoso ensaio "A origem da obra de arte", publicado originalmente em 1950 e fundamentado em conferências dadas em 1935 e 1936, em Friburgo em Brisgóvia, Zurique e Frankfurt, Heidegger (1971) encontrou na arte um caminho para o acontecimento da verdade. A origem não diz respeito ao nascimento de obras de arte como entidades individuais, mas à própria origem da existência histórica humana, cabendo à arte revelar a responsabilidade que cabe ao ser humano no preenchimento do seu destino (Hofstadter; Kuhns, 1976).

Com Heidegger se firmou a constatação de que a filosofia como sistema totalizante e unificador atingira, em Hegel, um ponto de esgotamento; de resto, um esgotamento que seria confirmado pelas revoluções que os sistemas artísticos viriam passar a partir de meados do século XIX e que se tornaram conhecidos pelo nome de modernismo, nas artes. Este teve início com os impressionistas até seu esgotamento no construtivismo de Mondrian e no informalismo abstrato de Pollock no século XX. Nesse momento, ocorreu a abertura do caminho que levou à explosão do pós-moderno nas artes e dos debates sobre a pós-modernidade na cultura. Portanto, já faz quase dois séculos que o belo se descolou do universo da produção e do pensamento da arte, restando, apenas, como uma memória do passado.

Perguntas & respostas

Embora haja vários momentos no caminho filosófico da estética, por que se pode dizer que esses momentos podem ser sintetizados em duas grandes divisões?

As discussões sobre o belo remontam aos gregos e percorreram a história da filosofia até o século XVIII. Essa foi na primeira grande divisão da história da estética. A segunda divisão se deu quando surgiu uma ciência que respondeu especificamente por esse nome e que não se caracterizou necessariamente como uma ciência do belo.

Por que a estética e as teorias da arte são diferentes?

Ao passo que a estética diz respeito a tudo aquilo que desperta a percepção sensível do receptor, as teorias da arte são mais específicas, pois têm por objeto as produções artísticas e as diferenças de estilo que elas apresentam ao longo dos séculos.

Além disso, as correntes estéticas, tanto no nível teórico quanto no nível da criação, foram se multiplicando a tal ponto que qualquer tentativa de mapeá-las num panorama global e representativo destina-se irremediavelmente ao fracasso. De fato, são inumeráveis as teorias da arte que os dois últimos séculos viram nascer. Enquanto se assistia ao ocaso do belo, em um movimento contrário, foi se dando a crescente emergência de teorias da arte numa quantidade e profusão tais que se descartam pretensões de abraçá-las em um conjunto coeso. Tendo isso em vista, a seguir apresentaremos uma síntese de tendências a partir do trabalho de Rader (1966) que, não obstante sua pretensão, nada tem de exaustivo.

O livro está dividido em três partes, cada uma tendo um título. Assim, a primeira parte, com o nome de "Arte e o processo criativo", inclui:

- Arte como semelhança
- Arte como beleza
- Arte como expressão emocional

- Arte como intuição
- Arte como satisfação do desejo
- Arte como experiência viva
- Pode a arte ser definida?

A segunda parte, com o título de "A obra de arte", inclui:

- O corpo da obra
- Expressividade
- Forma
- Forma e função

A terceira parte, por fim, recebendo o título de "Apreciação e crítica", inclui:

- Empatia e abstração
- Distância e desumanização
- Isolamentos e sinestesia
- Crítica

Apesar do mérito da erudição e do conhecimento que demonstra, é preciso lembrar que o livro de Rader foi publicado em 1966. De lá para cá, as tendências cresceram ainda mais e, para tornar a questão muitíssimo mais complexa, desde meados do século XIX, a partir do advento da fotografia, a estética, entendida no seu sentido original de *estesia*, aquilo que fala aos sentidos, começou a migrar também para os meios de comunicação, conforme será detalhado no Capítulo 5.

Síntese

Este capítulo apresentou a história do belo e da estética em três momentos que surgiram ao longo dos séculos pela voz dos filósofos. Foi marcado o contexto de pensamento do momento histórico em que se deu o nascimento da estética como uma ciência. Foram ainda discutidas as relações da estética com o belo e o desprendimento da estética dessa relação estrita. Por fim, foi marcado o momento em que as teorias da arte foram se multiplicando e, de certa forma, deixando em segundo plano a preocupação anterior voltada para questões estéticas.

Questões para revisão

1. Qual foi a grande virada que Nietzsche deu em relação ao passado filosófico no que diz respeito à estética?

2. Qual foi a grande ruptura que se instalou no universo da estética a partir de meados do século XIX?

3. Analise as afirmativas a seguir sobre a estética e o belo.

   I) A estética se resume à discussão sobre o belo.

   II) A questão do belo deixou de ser central nas discussões estéticas após o século XX.

   III) Após Heidegger, nenhum filósofo apresentou reflexões sobre a estética.

Agora, assinale a alternativa correta:

a) As assertivas I e II estão corretas.

b) As assertivas II e III estão corretas.

c) Apenas a assertiva II está correta.

d) As assertivas I e III estão corretas.

e) Apenas a assertiva III está correta.

4. Na filosofia platônica, o belo:

a) não tem prioridade no pensamento platônico.

b) foi expulso do pensamento de Platão.

c) compõe a tríade do bem e da verdade.

d) só tem valor se for justo.

e) é questão de gosto.

5. Por que *arte* e *belo* não são inteiramente coincidentes?

a) Sem beleza não há arte.

b) A beleza é privilégio exclusivo da arte.

c) A arte pode prescindir da beleza.

d) Arte e beleza são excludentes.

e) O belo só pertence à filosofia.

Capítulo

05

As estéticas da comunicação

Conteúdos do capítulo:

- Estéticas da comunicação antes do advento do computador.
- Linguagem hipermídia.

No Capítulo 2 foi explicitado que o ser humano já havia desenvolvido formas bem-sedimentadas de linguagem e consequentes modos de comunicação e sociabilidade desde a era da oralidade. Quer dizer, comunicar-se não é novidade para o ser humano. Entretanto, quando falamos em comunicação, esta, via de regra, pretende se referir à era em que os meios de comunicação, desde a emergência da fotografia, na segunda Revolução Industrial, começaram a criar novos ambientes socioculturais que foram se multiplicando cada vez mais, até atingir a condição atual em que todas as mídias tendem a se misturar. Portanto, enquanto o destino humano, desde sempre, tem sido o de se comunicar, a era da comunicação, inclusive instituída como um campo de estudos, conforme o terceiro capítulo pretendeu deixar claro, só emergiu do final do século XIX em diante.

Em razão disso, este capítulo dedica-se a uma discussão e a apontamentos de exemplos de manifestações estéticas que comparecem no universo dos meios de comunicação. Qual é a natureza dessas manifestações e o que as diferencia do campo da arte em particular? Este capítulo visa discorrer sobre essa questão.

Desde o antológico ensaio sobre *A obra de arte na era da reprodutibilidade técnica*, de Walter Benjamin (1975), ficamos alertas ao fato de que os meios que nasceram originalmente para a comunicação – como a fotografia e o rádio – não apenas são

As estéticas da comunicação

capazes de criar procedimentos estéticos que lhes são próprios como também podem, inclusive, produzir fricções com o mundo da arte e, muitas vezes, penetrar nesse mundo. Conforme desenvolvido no livro *Por que as comunicações e as artes estão convergindo* (Santaella, 2005), não existe uma cisão muito nítida entre o que é produzido para circular nos circuitos das artes e aquilo que nasce especificamente no mundo das mídias comunicacionais.

> A estética diz respeito a tudo aquilo que é capaz de acionar e potencializar a rede de percepções sensíveis do receptor.

Aliás, o próprio fundador da estética como ciência, Baumgarten, não restringia a afecção dos sentidos apenas àquilo que, depois dele, passou a ser institucionalizado dentro de esferas específicas, sob a denominação de *arte*. Assim, em um sentido mais amplo, a estética diz respeito a tudo aquilo que é capaz de acionar e potencializar a rede de percepções sensíveis do receptor.

Por isso mesmo, as estéticas tecnológicas [ou objetos estéticos] não se localizam necessariamente em objetos ou processos considerados artísticos, nem precisam aparecer em lugares de exposição ou de circulação de arte. Embora a obra de arte seja "uma representação bem-sucedida e privilegiada, ela não esgota o objeto da estética, que é na verdade "**arte de**

perceber", uma poética da percepção, portanto, um modo de conhecimento do sensível em sentido amplo – a faculdade de sentir do sujeito humano" (Sodré ibid.: 86). (Santaella, 2007a, p. 255, grifo nosso)

Assim, procedimentos estéticos também se fazem presentes em publicidades, no *design* gráfico, no *webdesign*, na hipermídia, nos *banners* publicitários, em vinhetas de televisão, filmes documentários, efeitos especiais no cinema, nas novas formas do audiovisual, na moda em todas as suas aparições, nas sonoridades circundantes, nos videoclipes e, especialmente, nas infinidades de portais, *sites*, *blogs* e nos *games* que circulam pelo ciberespaço. Enfim, trata-se de um universo em expansão que Lipovetzky e Serroy (2015) decidiram conceber como apresentado na obra *A estetização do mundo*: *viver na era do capitalismo artista*.

5.1
Antes do computador

Mesmo quando nasce sem pretensões de penetrar nos circuitos das artes, até mesmo em casos de fotos documentais que buscam se limitar ao poder puramente denotativo desse meio, a fotografia, por si só, desenvolve uma estética própria observável nos pontos de vista, nos enquadramentos, nos equilíbrios e desequilíbrios da composição, no jogo de cores, no claro-escuro, na

As estéticas da comunicação

profundidade do campo, enfim, naqueles recursos que são exclusivos da produção imagética pela mediação de uma máquina – no caso a fotográfica –, que foi facilitando cada vez mais seus modos de uso até alcançar as possibilidades de efeitos que os celulares e *i-Pads* hoje nos dão ao simples toque de um dedo.

O cinema, sem dúvida, consolidou-se como gigantesca indústria de entretenimento de massas. Contudo, para exibir procedimentos de linguagem com caráter estético, as produções não precisam ter o caráter experimental dos filmes que nascem com uma intenção artística ou mesmo quando, sem essa intenção, são legitimados como arte. Quer dizer, o cinema também desenvolve uma estética audiovisual própria que produz efeitos que podem ser chamados de *estéticos*, contanto que não se equacione a estética exclusivamente com a arte.

Em alguns países, como a Alemanha, desenvolveram-se programas que visam explorar o potencial estético da mídia radiofônica, sem que sejam veiculados com o passaporte da arte. Em suma, o que pretendemos destacar o fato de que não é sem razão que produções artísticas circulam pelos circuitos estritos da arte. Isso acontece porque estas são produções cujos agentes buscam seu reconhecimento e sua legitimidade como artistas nesse circuito que é próprio da arte, ou seja, em espaços sem quaisquer outros propósitos de tipo funcional ou utilitário que não sejam aqueles das condições específicas das artes. Já as estéticas da comunicação podem aparecer em quaisquer ambientes e as consideramos como estéticas pelo simples fato de que acionam o sistema de alerta dos sentidos para aquilo que afeta a nossa sensibilidade perceptiva.

O caso da publicidade é exemplar, pois não se pode negar que esse tipo de criação de linguagem faz uso de recursos poéticos, consagrados na poesia, como rimas, aliterações, jogos de palavras, hesitações entre som e sentido, bem como as interações engenhosas entre o verbal e o visual. Muitos criticam esse uso poético da linguagem publicitária com o argumento de que o objetivo é manipular o desejo dos consumidores. Mesmo que assim o seja, não se pode negar que os procedimentos estéticos ali estão e que são empregados com muita criatividade.

> Se, antes do computador, os embriões de uma estética da comunicação já estavam em plena fertilização, depois do computador os frutos se multiplicaram.

5.2
Depois do computador

A tecnologia de processamento de dados, surgida em meados do século XX, foi incrementada pelas tecnologias dos transistores, dos circuitos integrados, dos *chips* e dos semicondutores. Disso

As estéticas da comunicação

resultaram as imagens numéricas geradas em computadores (Santaella, 2007a). Nos anos 1980, a nova estética das imagens infográficas e fractais fez furor. Na sequência, a multimídia abriu os horizontes para mundos visuais interativos inscritos nos programas e navegáveis pelo usuário. As novidades estéticas desses mundos eram evidentes. Da interação entre informação e usuário emergiu a virtualidade, a varialidade e a viabilidade, atributos de uma nova estética (Santaella, 2007a).

Na fotografia e no audiovisual – antes do digital –, uma vez registrada, a informação era irreversível, nada podia alterá-la, a não ser em estágios de pós-produção. Ao contrário, na informação digital, tudo é variável e adaptável. Por isso, ela é considerada como "linguagem líquida", pois se trata de linguagens controláveis e manipuláveis não só em sua inteireza, mas também em cada um de seus pontos individuais. Isso ocorre porque, no computador, toda informação é imediatamente recuperável, o que permite ao usuário a possibilidade de jogar com a linguagem, compondo eventos de informação a partir de um campo de variáveis (Santaella, 2007a).

Como foi apontado por Grau, "nunca antes estivemos expostos a mundos imagéticos tão diversos, que se expandem para novos domínios" (Santaella, 2007a, p. 262). Já faz algum tempo que a televisão, graças ao controle remoto, criou a estética do *zapping*, com o telespectador brincando aos saltos entre centenas de canais, assim como se pode ter a experiência de uma estética que se expande nas "telas gigantescas que invadem a cidade e os telefones celulares, que transmitem microfilmes [e *games*] em tempo real" (Santaella, 2007a, p. 262).

Conforme Weibel (2006), não vai demorar muito tempo para que as imagens se comportem como sistemas vivos. Assim, seremos capazes de criar imagens semelhantes a autômatos. Quando forem destruídas, serão capazes de se autorreparar.

"O último estágio, prognosticado por Weibel, dando prosseguimento às interfaces multissensoriais, é aquele das tecnologias sensórias avançadas que, por meio de neuro-*chips* e *chips* cerebrais, deverão ligar o cérebro ao reino digital tão diretamente quanto possível." (Santaella, 2007a, p. 262). Que tipo de estética poderá nascer disso? Ainda não sabemos.

De todo modo, temos de convir que são as faculdades sensórias humanas que estão em evolução conforme evoluem as formas de se perceber o espaço, os objetos e o tempo. Conforme essas formas evoluem, vão levando de roldão as tradicionais noções estéticas, o que reclama por estudos e discussões que levem em conta o desenvolvimento histórico das tecnologias e seus meios de produção de linguagem.

5.3
As estéticas da mixagem

No que diz respeito ao computador, um dos maiores estudiosos da estética que nele brota é Lev Manovich (2007), o qual a estudou sob o nome de *estetização das ferramentas informacionais*. Na medida em que os dispositivos computacionais foram se ampliando e se diversificando nos celulares, *tablets*, câmeras digitais, *games* e mídias sonoras portáteis, suas estéticas foram se alterando e, consequentemente, alterando também a nossa própria concepção de estética.

Na continuidade ao seu livro The Language of New Media (2001), Manovich (2006c) buscou um nome capaz de nomear essa nova estética com precisão e a chamou de *"infoestética"*. Trata-se de procedimentos de linguagem, variáveis, emergentes, distribuídos, que estão presentes nas interfaces e nas ferramentas informacionais que utilizamos na vida cotidiana, espraiando uma verdadeira estetização da informação.

Ainda mais notáveis são as tendências estéticas para a mistura de suportes, tecnologias e linguagens, exibindo intrincadas tecnodiversidades, as quais deram hoje na fotografia e no audiovisual expandidos. De fato, a maioria das fotos, as que predominam na paisagem visual contemporânea,

> não são fotografias puras, mas, no dizer de Manovich (2006a), são vários híbridos e mutações que passaram por muitos filtros e ajustamentos manuais até adquirir um *look* estilizado, uma aparência gráfica mais chapada, uma cor mais saturada etc. "fotografias misturadas com *design* e tipos gráficos; [...] fotografias simuladas, produzidas por computação gráfica 3D etc". Assim, a fotografia transformou-se, ,de fato, em "foto-GRAFIA", em que a foto só aparece na camada inicial de um *mix* gráfico. Do mesmo modo, no campo da imagem em movimento, "o termo *motion-GRAPHICS* (gráfico animado) expressa o mesmo desenvolvimento: a subordinação ao código gráfico da ação cinematográfica ao vivo [Manovich, 2006a, p. 4]. (Santaella, 2007b, p. 89)

Nesse contexto, as tradicionais categorias definidoras do cinema também estão sendo questionadas, e um dos grandes temas do momento estende-se da fotografia expandida até o cinema e o vídeo expandidos (Santaella, 2016b). Tudo isso vai compondo um espaço muito denso de hibridações, em que as novas estéticas se confraternizam na constituição de um tecido enredado e complexo que se organiza como uma nova confecção visual das imagens em movimento. Até a década de 1990, as imagens computacionais animadas eram tratadas de maneira isolada. Com o advento da multimídia e da hipermídia, a animação computacional integrou-se em um *mix* midiático "que também inclui ação ao vivo, tipografia e design e no qual a passagem de uma linguagem a outra é tão instantânea que se torna imperceptível" (Santaella, 2007b, p. 90). Isso ocorre porque as linguagens visuais, sonoras e verbais, graças aos algoritmos, unem-se e confabulam na sua própria morfogênese. "'Unidas dentro de um ambiente comum de *software*, a cinematografia, a animação computacional, os efeitos especiais, o design gráfico e a tipografia formam uma nova metamídia', um estágio fundamentalmente novo na história das mídias" (Santaella, 2007b, p. 90).

Com isso, nesse seu estatuto de metamídia, "o computador se transformou em um laboratório experimental [quase alquímico] no qual diferentes mídias podem se encontrar e suas técnicas e linguagens podem se combinar na geração de **novas espécies de linguagens**" (Braga; Braga, 2014, grifo nosso). Isso dá origem a uma estética miscigenada que se distribui por todas as

imagens em movimento: publicidade e gráfica televisivas, vídeos musicais, animações curtas, vinhetas de televisão, títulos de filmes, páginas da Web. Isso define um novo campo de produção das Tecnologias Digitais de Informação

Estética & semiótica

> e Comunicação: a gráfica animada, que combina as linguagens do design, tipografia, animação 3D ou não, pintura, [e] cinematografia [...]. (Braga; Braga, 2014)

A condição de possibilidade dessa nova lógica do *design* e de sua estética resultante

> encontra-se na compatibilidade entre diferentes documentos gerados por diferentes programas. Ou seja, os comandos de 'importar' e 'exportar' gráficos, animações, edições de vídeo, programas de composição e modelagem são historicamente mais importantes do que as operações individuais que esses programas oferecem. (Manovich, citado por Santaella, 2007b, p. 91)

Disso tudo "resulta uma linguagem midiática híbrida, intrincada, complexa e rica" na qual "várias linguagens compartilham a mesma lógica básica" para gerar uma "estética da remixabilidade" (Santaella, 2017b, p. 10). De fato, "foram os softwares de design sonoro e visual que tornaram muito mais fáceis as operações de remixabilidade" (Santaella, 2017b, p. 10). Quando se pensa nas possibilidades da internet para documentar, publicar, compartilhar em *blogs*, *sites* ou redes sociais o trabalho de cada um, é possível prever os efeitos que isso traz para a remixabilidade, pois à possibilidade de acesso e troca se acrescenta o

As estéticas da comunicação

reuso das informações que estão disponíveis, muitas vezes em código aberto. Isso permite que os recursos e os princípios estéticos neles implicados viajem de um lugar para outro em uma velocidade instantânea.

Manovich (citado por Santaella, 2007b, p. 92) também chama atenção para a remixabilidade profunda que opera por camadas: "As imagens quebram-se em *pixels*, o desenho gráfico, filmes e vídeos quebram-se em camadas. O hipertexto modulariza o texto. O HTML e os formatos de mídia como *Quick Time* modularizam os documentos multimídia em geral". Seguindo o avanço das tecnologias, de uns anos para cá, Manovich (2011) vem trabalhando com a estética do *big data*.

Perguntas & respostas

Por que a estética não é privilégio exclusivo das artes?

Existe uma estética que é própria de cada mídia. Por isso se fala em uma estética da fotografia, do cinema etc., mesmo quando o trabalho não tem a intenção de entrar no circuito das artes. Essa diferença é importante para que fique claro que pode existir foto de arte, cinema de arte etc. Ainda que não se enquadrem no campo da arte, isso não impede que desenvolvam uma estética que lhes é própria. A estética das mídias se dá quando sua linguagem é capaz de explorar seu potencial para dar o melhor de si.

Por que existe um divisor nas estéticas comunicacionais: de um lado, as estéticas antes do computador e, de outro, as estéticas depois do computador?

Antes do computador, as mídias existiam de modo separado e desenvolviam suas estéticas dentro de si mesmas. O caráter multimídia e hipermídia do computador provocou a mistura das mídias, o que deu origem a uma nova forma de estética, que é chamada de *mixagem*.

5.4
Estéticas das redes

Das misturas sígnicas permitidas pelos programas computacionais, passamos para os ambientes das redes, nos quais também pululam novas qualidades estéticas, muitas delas colaborativas. É bastante conhecido o fato de que as artes digitais – que atendem por vários diferentes nomes, tais como *net arte, web arte, arte colaborativa, arte computacional, arte on-line, arte cibernética*, mas que partem de princípios e levam a resultados relativamente similares – exploraram e continuam explorando os recursos computacionais, ampliados pelas redes, com finalidades de criação artística. Entretanto, existem muitos processos e produtos na internet que são produzidos sem intenção artística e que apresentam efeitos que podem ser considerados estéticos.

Sem dúvida, é imensa a variedade e a heterogeneidade de estéticas tanto na arte digital quanto em produtos voltados para outros fins. Entre eles, as realidades virtual, aumentada, mista e anotada. A primeira envolve todo o corpo do participante em um ambiente tridimensional simulado. A segunda realiza a sobreposição de imagens digitais no campo de visão do observador. Existem processos artísticos que exploram esse recurso, mas ele extrapola o campo da arte para ser empregado na educação e no comércio. Quanto à realidade misturada, com um sentido mais amplo do que o de realidade aumentada, refere-se a um ambiente que combina elementos do mundo físico com o mundo virtual. "A realidade anotada, por sua vez, está mais próxima da computação vestível e diz respeito a informações adicionais (imagens, sons, vídeos, textos etc.) que podem ser acessadas por meio de tecnologias nômades, sem fio" (Santaella, 2007b, p. 276). Em função disso, a realidade anotada é muito utilizada em projetos de mídias locativas (Santaella, 2007b). Estes se baseiam em mídias geolocalizadas, inseridas em projetos artísticos ou em projetos de serviço público. Neste último sentido, pode-se dizer que o Waze se apresenta, hoje, como a síntese mais notável.

Além de todos esses jogos ambivalentes com a realidade, situações de telepresença também ocorrem nas redes a par dos avanços da robótica. As definições que são dadas para a telepresença variam, mas todas convergem para a projeção da ação humana em espaços físicos distantes. Para Laurel (1990, citado por Santaella, 2007b, p. 277), a telepresença é "um meio que permite você estar com o seu corpo em um outro espaço [...]. E este espaço pode ser um ambiente gerado por computador, um ambiente transmitido por câmera de vídeo, ou uma combinação dos dois". Kac (1993) menciona os recursos de controle remoto, observação remota, *telekinesis* e trocas de informação audiovisual em tempo real, permitidas pela telepresença. Donati e Prado (2001) acrescentam que a possibilidade de atuação remota por parte de usuários pode ocorrer por meio de suas escolhas individuais, que resultam em diferentes níveis de interação em tempo real: observação, deslocamento e operação em espaços virtuais e/ou físicos. "Em uma publicação conjunta, Donati e Prado (2004) discutiram o papel específico que as imagens em direto, obtidas por meio de webcams, desempenham nas experiências de presença e ação à distância para criar a sensação de ubiquidade e simultaneidade." (Santaella, 2007a, p. 278).

A telepresença já vinha sendo explorada por artistas, mesmo antes que o computador tivesse alcançado o nível atual de sofisticação das técnicas empregadas. O mesmo acontece com a robótica. Aliás, é uma tendência reconhecida que os artistas são os primeiros a explorar as novas tecnologias para extrair delas o seu

As estéticas da comunicação

potencial estético. O que acontece, entretanto, que eles deixam marcas na linguagem, e as tecnologias ficam impregnadas desses traços, mesmo quando não são utilizadas para finalidades artísticas. Isso acontece porque, segundo Kac (1997), a intervenção do artista introduz a modelagem de comportamento, pois são criadas não apenas formas, mas também ações, reações, tornando possíveis situações interativas sem precedentes em espaços físicos ou telemáticos, no ambiente das redes.

5.5
Robôs, dispositivos móveis e *games*

Tanto quanto é possível ver, a estética da robótica é um caso à parte, pois a compleição física dos robôs, mesmo quando são ainda muito rudimentares, provocam uma ternura similar à dos brinquedos. São uma espécie de humanoides, bichinhos ou coisa parecida que tentam imitar os movimentos de corpos vivos. Os artistas que trabalham com essa tecnologia sabem explorar esse tipo de sentimento afável e divertido nos participantes da cena robótica. Entretanto, sem estarem localizados no mundo artístico, muitas vezes recebemos pelas redes vídeos de robôs que imitam animais. Eles apresentam uma estética que está longe de ter parceria com a beleza, mas que, certamente, produz efeitos significativos em nossa sensibilidade. Nos países tecnologicamente avançados, estão sendo criados robôs falantes, com rostos femininos muito agradáveis.

Outra tendência estética encontra-se nos equipamentos móveis. Sousa e Silva (2004, p. 284) concorda com o fato de que o celular seja considerado como uma interface poderosa para fins estéticos na medida em que é capaz de criar espaços híbridos e nômades via interfaces móveis e ubíquas. Essas tecnologias permitem a comunicação ubíqua (ver Santaella, 2013), de qualquer lugar para qualquer lugar, enquanto o usuário se move pelo espaço físico e virtual simultaneamente. Sousa e Silva (2004, p. 289) identificou três formas de exploração estética da mobilidade e ubiquidade:

1. as que lidam especificamente com a tecnologia do telefone celular como uma interface;
2. as que conectam tecnologias nômades a espaços públicos;
3. as que apresentam visões originais de interfaces existentes.

A par das tecnologias móveis, em ascensão no momento, encontram-se as tecnologias dos sensores que, invisíveis, vão produzindo reações em nosso comportamento nos ambientes.

Por fim, não poderia faltar a menção à estética dos *games*. Desde o início de seu desenvolvimento, os *games* foram capazes de criar uma estética própria. O cinema também realizou proeza similar assim que surgiu, aperfeiçoando cada vez mais a estética da montagem, da iluminação, da fotografia, dos cenários, das tomadas e de todos os outros elementos que foram se enriquecendo na medida em que as tecnologias de produção foram se sofisticando. O mesmo vem ocorrendo com os *games*. Aliás, é no universo dos *games* que as tecnologias de ponta são primeiramente empregadas, de modo que eles se constituem em verdadeiros laboratórios dos avanços das tecnologias de produção de linguagem contemporâneas.

Em função disso, a cada nova geração, o *design* dos *games* aprimora a simulação de seus ambientes, até o ponto de, hoje, serem os *games* que promovem a convergência das artes visuais com a cultura da comunicação e a indústria do entretenimento.

Maciel e Venturelli [em 2003] apresentaram a sequência evolutiva do design das interfaces dos games. Partindo de níveis de resolução baixa e de caracteres alfanuméricos, os games hoje atingem patamares estéticos de grande sofisticação que incluem "personagens 3D e ambientes virtuais acessados em níveis de interação com teleimersão". As interfaces sensoriais que eles apresentam permitem a interação com o próprio corpo do jogador que se desloca nos ambientes do jogo e acompanha fisicamente o desenvolvimento da narrativa e ações vividas pelo personagem (ibid.: 176, 184). (Santaella, 2007a, p. 279)

No ponto em que hoje estamos, os *games* estão incorporando algoritmos de inteligência artificial e criando parcerias com o jogador, situações antes inimagináveis (Fusaro, 2018).

Enfim, o que todas as tendências discutidas neste capítulo revelam é que a abertura dos horizontes para as estéticas da comunicação cresce tanto em extensão quanto em profundidade, exibindo uma imensa diversidade de possibilidades de realizações que caminham paralelamente, mas *pari passu* com as produções artísticas que fazem uso das tecnologias para a sua criação.

Síntese

Este capítulo apresentou as características das estéticas da comunicação antes do computador – portanto, especialmente das mídias foto-cine-videográficas. Com o advento do computador e da linguagem hipermídia que o caracteriza – quer dizer, a linguagem das misturas de todas as mídias e de todas as linguagens que as caracterizam –, surgem novos tipos de estéticas, tais como as da mixagem, as das redes e as estéticas da realidade virtual e da realidade aumentada. Enfim, o computador se transformou na mídia das mídias, e novas formas de estética estão sempre surgindo.

Questões para revisão

1. Qual é a diferença entre realidade virtual e realidade aumentada?

2. O que é telepresença?

3. Os *games* se constituem em laboratórios para o avanço das linguagens tecnológicas porque:

   a) visam apenas ao lucro.

   b) as outras mídias temem os avanços das tecnologias.

   c) buscam aprimorar seus ambientes.

   d) se reduzem ao aspecto tecnológico.

   e) só interessam aos jovens.

4. Analise as afirmativas a seguir sobre a estética após o surgimento do computador.

   I) O advento do computador empobreceu a estética das mídias.

   II) A computação deu origem à linguagem hipermídia.

   III) A computação permitiu importantes evoluções no campo estético, que estão em constante renovação.

   Agora, assinale a alternativa correta:

   a) As afirmativas I e II estão corretas.

   b) As afirmativas II e III estão corretas.

   c) As afirmativas I e III estão corretas.

d) Apenas a afirmativa II está correta.

e) Apenas a afirmativa III está correta.

5. É cabível a comparação dos robôs com os seres humanos?

a) Sim, porque eles buscam imitar ações que são realizadas pelos humanos.

b) Não, porque a robótica não avançou em suas pesquisas.

c) O ser humano é único e não pode ser imitado.

d) Não, porque os robôs ainda têm apenas funções industriais.

e) Os robôs são seres artificiais e devem ser banidos.

Capítulo

06

Transformações históricas nas correntes teóricas da semiótica

Conteúdos do capítulo:

- O desenvolvimento da semiótica.
- Principais autores e escolas da semiótica.

As questões sobre a linguagem sempre foram objeto de preocupação e interesse dos nossos antepassados que dedicaram suas vidas ao conhecimento. Nos gregos podem ser encontradas inúmeras passagens sobre o estatuto das linguagens verbal e imagética – isso se não mencionarmos suas discussões sobre poesia e arte. Avançando uns séculos, na Idade Média, já haviam sido desenvolvidas doutrinas de signos bastante sofisticadas, as quais lançaram as bases da semiótica como estudo das linguagens ou dos sistemas de signos. O enorme sucesso alcançado pelas ideias de René Descartes (1596-1650), no Ocidente, para o qual a questão da linguagem não era prioritária, apagou até certo ponto o impulso que a doutrina dos signos alcançara no medievo. Porém, a partir do século XIX, a situação se inverteu e as investigações e os tratados sobre a teoria dos signos começaram a aparecer e se multiplicar no decorrer do século XX.

Este capítulo está dedicado à história da semiótica, desde os primeiros estudos até a profusão de pesquisas na área no século XX, e coloca em destaque as principais e mais influentes teorias que, hoje, fazem parte do cenário dos estudos das linguagens.

Para saber mais

Existem dois livros publicados no Brasil que podem servir de bússola para darmos prosseguimento à proposta deste capítulo.

NÖTH, W. **A semiótica no século XX**. 3. ed. São Paulo: Annablume, 1996.

_____. **Panorama da semiótica**: de Platão a Peirce. São Paulo: Annablume, 1995.

Mais recentemente, eu e Nöth publicamos um livro paradidático que apresenta as correntes modernas da semiótica com fartura de exemplos e exercícios para a aprendizagem.

SANTAELLA, L.; NÖTH, W. **Introdução à semiótica**. São Paulo: Paulus, 2017.

Essas obras são aqui mencionadas porque servem como pano de fundo para este capítulo que, necessariamente, trata da questão de modo breve e, infelizmente, simplificado. Existem outras introduções à semiótica publicadas por autores brasileiros, e elas estão contidas nas referências das obras citadas.

6.1
Primeiros sinais da emergência da semiótica

É na história da medicina que o termo *semiótica* fez suas primeiras aparições, já entre os gregos, no século I, para se referir à parte da medicina voltada para o diagnóstico das doenças por meio da leitura dos sinais de anormalidade emitidos pelo corpo do paciente. No século XVIII, ainda no campo da medicina, o nome *semiologia* também for utilizado como alternativa para esse mesmo tipo de prática. Da medicina, a palavra começou a migrar no século XVII para designar o campo do conhecimento que hoje temos. Nesse mesmo século, a palavra *semiologia* reapareceu no campo da criptografia para se referir às senhas e aos gestos de uma linguagem secreta. É interessante notar que, lá pelos anos 1970, quando a semiótica ainda não havia se institucionalizado e sido difundida conhecer em publicações e disciplinas universitárias, as pessoas, inclusive jornalistas mal-informados, ainda aparentavam a semiótica a estudos esotéricos.

Ainda no século XVII, o alemão J. Schulteus falava sobre uma doutrina geral do signo com o nome de *semiologia metafísica* e, no final desse século, o empirista inglês John Locke postulou a criação de uma doutrina dos signos por ele chamada de *semiótica*. A hesitação entre os dois modos de nomear – de um lado,

Transformações históricas nas correntes teóricas da semiótica

semiótica e, de outro, *semiologia* – prosseguiu no século XX, conforme esse tema será tratado mais adiante.

Assim, da questão terminológica, passamos para o desenvolvimento das ideias a respeito desse campo de estudos.

6.2
Dos gregos ao século XIX

Discussões sobre o signo verbal e a significação já estavam presentes nos textos de Platão [ca. 428 a.c.-348 a.c.]. Para ele, todo nome inclui três elementos: 1) o nome nele mesmo, 2) a noção que ele carrega e 3) a coisa a que ele se refere. O diálogo *Crátilo* (2001) pode ser considerado um tratado sobre o processo de significação dos nomes. O grande problema levantado, que também se expande, em outros contextos, para a imagem, é o questionamento do caráter das relações estabelecidas pelo nome – se são naturais ou fruto de convenções. De qualquer modo e em qualquer um dos casos, palavras são sempre incompletas para revelar a verdadeira natureza das coisas. Dois tipos de cognição são estabelecidos: diretas e indiretas, estas mediadas pela linguagem. É ainda em Platão, especificamente no *Fedro* (1997), que iremos encontrar a postulação da superioridade da fala sobre a escrita (Nöth, 1995, p. 28).

As discussões aristotélicas sobre a linguagem no seu sentido semiótico, ou seja, na indagação de como os signos significam as coisas, comparecem especialmente nas "Refutações sofísticas" (2005) e *Da interpretação* (2013). Na excelente apresentação que nos é fornecida por Neves (1981) especialmente sobre o tema, para Aristóteles o nome possui uma significação convencional, ou seja, nada é naturalmente um nome, mas passa a assim funcionar quando se torna um símbolo. A explicação da convencionalidade dada pelo filósofo é curiosa: a prova está em que as partes dos símbolos não nomeiam as partes das coisas que eles significam. Disso se depreende que são universos distintos, além de que, entre os nomes e as coisas, não há relação de semelhança.

No entanto, como os símbolos significam? Neves (1981) explica que, como não se assemelham às coisas, então as palavras não são as mesmas para todos. Enquanto os nomes são limitados, as coisas são infinitas, por isso um mesmo nome pode se referir a muitas coisas. Não há relação par a par. Contudo, em *Da interpretação* (2013), entra um elemento novo: a relação de semelhança se dá apenas entre os estados de alma e as coisas, enquanto entre a linguagem e os estados de alma há uma relação de significação.

> Não se cobrem sempre inteiramente conceito e palavra. O que está no som é símbolo do que está na alma, mas não necessariamente o conceito que está no som, o significado, é congruente com o conceito que está na alma, embora só sob as

Transformações históricas nas correntes teóricas da semiótica

formas de linguagem possam ser aprendidos os conteúdos mentais. (Neves, 1981, p. 59)

A complexidade do pensamento de Aristóteles sobre o signo não para aí, mas já funciona como uma amostragem de que não é fácil explicitar as relações intrincadas que se estabelecem entre palavra e escrita, palavra e som, som-escrita-conteúdo mental e as relações destes com as coisas que são significadas. Imaginemos, então, que a tarefa da semiótica é ir além do verbo e explicitar também o funcionamento dos outros sistemas de signos que não são verbais. Isso nos dá uma ideia das demandas que a semiótica faz a quem deseja avançar no seu estudo.

O **modelo triádico** do signo dos estoicos é mais básico do que o aristotélico. Os três componentes são: o **significante** – ou seja, a entidade percebida como signo –, seu **significado** e o **evento** ao qual o signo se refere. Tanto o significante quanto o objeto referido são materiais, ao passo que o significado é incorporal. Os estoicos tiraram consequências disso para a lógica, quando consideravam a cognição efetivada pelo signo como um processo silogístico indutivo. Também chegaram a estabelecer uma classificação dos signos em *comemorativos* e *indicativos*.

> A tarefa da semiótica é ir além do verbo e explicitar também o funcionamento dos outros sistemas de signos que não são verbais.

Em oposição à tríade dos estoicos, os epicuristas apresentaram um **modelo diádico** no qual estavam, de um lado, o **significante** e, de outro, o **objeto referido**. Para eles, a imagem emitida pelo objeto e a imagem captada pelo observador são os dois lados dessa moeda capaz de explicar o funcionamento do signo. No início da Idade Média encontramos Aurélio Agostinho, conhecido como Santo Agostinho (354-430), o qual é considerado por alguns como o fundador da semiótica. Dos estoicos, ele extraiu a importância da interferência do processo mental no processar dos signos. Também distinguiu entre signos naturais e convencionais. Os primeiros brotam de situações não intencionais (chão molhado para significar chuva), já os segundos são utilizados pelos humanos para expressar os sentimentos da mente. Mais interessante é sua distinção, mais nítida do que a de seus predecessores, entre *signos* e *coisas*. Estas nunca são usadas como signos de outras coisas – por exemplo, madeira, pedra ou gado. Mais sagaz ainda, Agostinho percebeu que, ontologicamente, os signos não são distintos das coisas, pois eles também têm uma realidade material; caso contrário, não existiriam, mas funcionam de modo diferente, visto que são os signos que fazem as coisas serem conhecidas. Como se não bastasse, Agostinho ainda abriu o território da semiótica para **sistemas não verbais**, encontrando aí a verdadeira alma da semiótica (Nöth, 1995).

Na Idade Média, como já foi adiantado anteriormente, as doutrinas do signo desabrocharam e se estenderam até a Renascença. Roger Bacon (1215-1294), por exemplo, escreveu *De Signis*. Duns Scotus (1270-1308) e William de Ockham (1290-1349) também contribuíram para o desenvolvimento dos estudos sobre signo.

A semiótica do medievo atingiu seu apogeu na obra monumental do português João de São Tomás, também conhecido como Jean Poinsot (1589-1644). Ele escreveu, em 1632, um monumental *Tractatus de Signis*, que foi republicado em uma caprichosa edição organizada e comentada pelo semioticista norte-americano John Deely, em 1984. João de São Tomás inseriu sua doutrina dos signos no campo da lógica a partir de uma definição muito ampla, segundo a qual "todos os instrumentos de que nos servimos para a cognição e para falar são signos" (Nöth, 1995, p. 36). Portanto, ambas as funções fundamentais do signo estão aí expressas: comunicar e conhecer. A semiótica escolástica nos legou grandes temas de discussão: "as doutrinas do realismo e do nominalismo, as doutrinas das suposições e dos modos de significação", a "distinção entre denotação e conotação" e, por fim, "uma teoria da representação de [...] símbolos e imagens" (Nöth, 1995, p. 35).

Além disso, a partir desses filósofos, a visão da semiótica expandiu-se do mundo humano para o mundo natural, dando início à *doutrina da assinatura das coisas*, a qual se notabilizou na Renascença, ao ser estudada na obra de Paracelsus (1493-1541).

Estética & semiótica

> Aí encontramos um sistema elaborado de códigos para a inter-
> pretação de signos naturais, onde não só deus aparece como
> autor das mensagens do mundo, mas é acompanhado de três
> outros emitentes (**assinantes**) de signos naturais (*De Nat. Rer.*,
> 1591): primeiro, o homem, em segundo, um princípio interior
> do desenvolvimento chamado *archaeus* e, em terceiro lugar,
> as estrelas ou planetas (*astra*).
>
> Os signos naturais, que tais emitentes deixaram como traços
> indexicais no mundo, eram chamados assinaturas e podiam
> ser descobertos em várias zonas do mundo. Na face humana,
> os signos eram codificados pela **fisiognomia**. As regras para
> descobrir o sentido das assinaturas nas linhas do corpo
> humano, assim como nas linhas visíveis da superfície das plan-
> tas, foram ensinadas na **quiromancia**; os segredos semióticos
> das assinaturas da terra, do fogo, da água e dos astros foram
> descobertos pelos códigos da **geomancia**, da **piromancia**,
> **hidromancia** e da **astrologia**, respectivamente. (Nöth, 1995,
> p. 38-39, grifo nosso)

Nos séculos XVII e XVIII, o pensamento sobre a semiótica se dis-
tribuiu em três grandes tendências, provenientes de três regiões
distintas da Europa. São elas: o racionalismo francês, o empirismo
britânico e o iluminismo alemão. Na França, Descartes, com sua
convicção de que as ideias são inatas, priorizou o intelecto sobre

a experiência. Para ele, tudo se passa na mente como campo relativamente separado da materialidade do mundo, inclusive do corpo, uma questão que mereceria discussão em um outro contexto.

Curiosidade

Ambientada no racionalismo, desenvolveu-se a lógica de Port-Royal, a qual ficou conhecida a partir da publicação anônima, em 1662, de um manual de lógica que, provavelmente, foi publicado pelos teólogos Antoine Arnauld (1612-1694) e Pierre Nicole (1625-1695). Alguns conjecturam que Blaise Pascal (1623-1662) também contribuiu com esse texto. De qualquer maneira, esse tratado gozou de muito prestígio por um bom tempo. O signo, nele, retornou ao seu modelo de duas faces: coisa que representa e coisa representada, em que a primeira excita a segunda. Algo de interesse aqui é que aquilo que representa é uma ideia, pois tem natureza mental.

De uma forma ou de outra, alguns mais, outros menos, os empiristas ingleses trouxeram contribuições para a semiótica. Conforme Thomas Hobbes (1588-1679), os signos não se referem ao mundo, mas apenas a outros signos. Isso foi radicalizado por George Berkeley (1685-1753) ao defender que nossas sensações são ideias imprimidas pelos sentidos. John Locke (1632-1704), por sua vez, considerou os signos, as ideias e as palavras como instrumentos de conhecimento. Ideias são signos e palavras são signos de ideias.

No iluminismo alemão, as primeiras contribuições para a semiótica surgiram na obra de Christian Wolff (1679-1754), cuja filosofia continha uma entrada com o nome *De Signo*. Todavia, o primeiro tratado de teoria geral do signo, justamente intitulado *Semiótica*, veio de Johann Heinrich Lambert (1728-1777), que estabeleceu uma divisão entre o pré-semiótico e o semiótico. Ao passo que o primeiro apresenta sensações que não são repetidas voluntariamente, no segundo já "há produção signos" (Nöth, 1995, p. 52). Estes interessam na medida em que são capazes de clarificar as ideias; portanto, são instrumentos indispensáveis ao pensamento. Seu sistema era tão rico a ponto de estabelecer as distinções entre quatro tipos de signos: naturais, arbitrários, meras imitações e representações, cada um deles desempenhando funções semióticas distintas.

Lambert explorou nada menos do que 19 sistemas sígnicos: notas musicais, gestos, hieróglifos até signos químicos, astrológicos, heráldicos, sociais e naturais. Os critérios de investigação utilizados por ele [Lambert] são a arbitrariedade, a motivação, a necessidade, a sistematicidade e a autenticidade dos

Transformações históricas nas correntes teóricas da semiótica

signos. Sob essas diretrizes, os sistemas sígnicos alcançam graus diferenciados de aproximação à realidade. O grau mais alto coincide com os signos científicos, que não só representam conceitos, mas também indicam relações de tamanha afinidade a ponto de assegurar que "a teoria das coisas e a teoria dos signos são permutáveis". (Nöth, 1995, p. 52)

Esse é o panorama muito breve e, certamente, lacunar do desenvolvimento das ideias semióticas ao longo dos séculos, um desenvolvimento que funciona como um indicador de que os processos de significação, de representação e de mentalização têm, desde sempre, comparecido nas cogitações dos pensadores. Isso só vem comprovar a importância da semiótica que, de resto, estava fadada a crescer e se multiplicar do século XIX ao XX.

6.3
As modernas escolas da semiótica

A semiótica moderna teve início no decorrer da segunda metade do século XIX, a partir da obra gigantesca, multifacetada, pluridisciplinar do cientista, lógico e filósofo norte-americano Charles Sanders Peirce (1839-1914). Trata-se de uma semiótica de base filosófica rigorosa, a qual trouxe consequências filosóficas também importantes na medida em que se responsabilizou pelo lançamento das fundações da filosofia pragmatista. Quando o pragmatismo começou a alçar voos de popularização, Peirce rebatizou a sua corrente de *pragmaticismo*, para ficar a salvo de raptores. Portanto, é preciso cuidado quando se identifica o pragmatismo de Peirce com o movimento pragmático que irradiou dos Estados Unidos para outros países e repercutiu modernamente em algumas formas de neopragmatismo. É quase nula a filiação desses movimentos a Peirce.

Importante!

Muitos afirmam que a semiótica moderna teve início com os estudos do linguista Ferdinand de Saussure (1857-1913). Além de não ser verdadeiro, isso revela uma tendenciosidade eurocêntrica. A semiótica de Peirce já estava com seus elementos sistematizados quando Saussure deu o seu famoso curso, mais tarde publicado por seus discípulos com o nome de *Curso de linguística geral* (1969).

Uma vez que o Capítulo 7 será dedicado à semiótica de Peirce, podemos começar a fase moderna da semiótica com Saussure.

∴ O estruturalismo binário de Saussure

O projeto de Saussure no seu curso foi o de fundar a linguística como ciência. Isso não existia antes dele. De fato, ele desenvolveu conceitos fundamentais que realizaram, até certo ponto, os seus propósitos. A rigor, ele não chegou a criar uma semiótica propriamente dita. Apenas previu que essa ciência deveria existir e a batizou de semiologia.

> Pode-se, então, conceber **uma ciência que estude a vida dos signos no seio da vida social**; ela constituiria uma parte da Psicologia social e, por conseguinte, da Psicologia geral; chamá-la-emos de *Semiologia* (do grego *sēmeîon*, "signo"). Ela nos ensinará em que consistem os signos, que leis os regem. Como tal ciência não existe ainda, não se pode dizer o que será; ela tem direito, porém, à existência; seu lugar está determinado de antemão. A Linguística não é senão uma parte dessa ciência geral; as leis que a Semiologia descobrir serão aplicáveis à Linguística e esta se achará dessarte vinculada a um domínio bem definido no conjunto dos fatos humanos. (Saussure, 1969, p. 24, grifo do original)

A teoria linguística por ele criada nos apresenta um conjunto de dicotomias. Começam com a dicotomia entre língua e fala. A fala é empírica, o modo como os falantes estruturam seus discurso a partir de regras gerais que são providenciadas pela **língua**, um sistema que pertence a todos e se constitui como um tesouro coletivo. A língua se compõe como um sistema de normas que os falantes obedecem, pois, sem elas, não seriam capazes de se comunicar. Por isso, a língua, com suas leis estruturais, garante a agregação de uma comunidade grande ou pequena de falantes.

Outra dicotomia muito ampla, cuja compreensão implica o conceito de *língua*, é aquela que coloca os sistemas linguísticos em dois eixos, a **diacronia** e a **sincronia**. A primeira diz respeito à evolução de cada língua no tempo. Saussure, na sua concepção da língua como um sistema, privilegiou a sincronia, ou seja, a língua tal como ela se apresenta em um dado momento da sua história. Tomar a língua em um determinado estado de sua evolução permite a descrição de suas condições estruturais para o levantamento dos conceitos que lhe são relativos.

O conceito de sistema e o método estrutural implicam que tudo tenha início na busca do elemento mínimo de que se compõe o sistema. Saussure encontrou esse elemento no signo linguístico, o qual ele descreveu por meio de uma outra dicotomia: o signo é fruto da relação indissociável do **significante** e do **significado**. Saussure (1969, p. 131) comparou o signo às duas faces de uma folha de papel: "o pensamento é o anverso e o som o verso; não se pode cortar um sem cortar, ao mesmo tempo, o outro". Trata-se, portanto, de uma **entidade psíquica de duas**

faces que consiste, de um lado, na imagem acústica e, de outro, no conceito. Embora a imagem acústica tenha a sua projeção nos sons que são pronunciados nos atos de fala, na língua em si, tanto a imagem acústica quanto o conceito são mentais.

O caráter estritamente diádico do signo torna-se ainda mais evidente na rejeição saussuriana ao objeto de referência do signo. "O signo linguístico une não uma coisa e uma palavra, mas um conceito e uma imagem acústica" (Saussure, 1969, p. 80).

Para Saussure, nada existe estruturalmente além do significado e do significante. Outra ênfase recaiu sobre a **arbitrariedade** do signo linguístico: não há nenhuma motivação, ou seja, similaridade entre o conceito, a ideia ou o significado que o signo expressa e aquilo a que porventura o signo poderia se referir. Assim são todas as palavras; por exemplo, o significante e o significado "árvore" não têm nenhuma relação

> O signo é fruto da relação indissociável do significante e do significado.

de similaridade com o objeto árvore que está fora do signo, por isso se trata de uma relação arbitrária.

Dos elementos menores do sistema, o método estrutural pede que se passe para os elementos maiores, os quais são compostos pelos menores. Assim, Saussure chegou a uma outra dicotomia: a de **paradigma** e **sintagma**. Os signos linguísticos se organizam de acordo com dois eixos. No eixo do **paradigma**, os signos mantêm uma relação de ausência com outros signos do sistema que poderiam estar ocupando a mesma posição e função que esse signo ocupa na contiguidade de uma frase. Assim, na frase "O menino correu", no lugar de "o" poderia comparecer "aquele"; no lugar de "menino" poderia estar "garoto" e, no lugar de "correu", poderia estar "andou rápido".

Por outro lado, no eixo de **sintagma**, as palavras que se seguem umas às outras no discurso manifesto estão numa relação de **contiguidade**, uma depois da outra, formando uma sequência de elementos em presença: "O bandido fugiu", por exemplo, é uma cadeia de signos linear e irreversível em que um elemento vem depois do outro, um cedendo passagem ao outro, pois dois elementos não podem ser pronunciados ao mesmo tempo.

Essa dicotomia tem muita relevância semiótica, pois ela reaparece em quaisquer outros sistemas de signos. Saussure (1969), de resto, já havia aberto a possibilidade de expansão na aplicação dos conceitos de paradigma e sintagma a outros fenômenos culturais quando comparou uma unidade linguística a uma coluna de um edifício antigo. Essa coluna está numa relação real de contiguidade com outras partes do edifício, por exemplo, a arquetrave, a janela, a fachada etc. No entanto, se for de ordem dórica, por exemplo, essa coluna nos convidará a estabelecer comparação com outros tipos de colunas – a jônica ou a coríntia; nesse caso, há uma relação de similaridade ou substituição, uma associação que une termos em ausência, numa série mnemônica virtual.

Transformações históricas nas correntes teóricas da semiótica

Roman Jakobson (1896-1982), linguista russo radicado nos Estados Unidos, trouxe contribuições para os estudos semióticos quando expandiu a aplicabilidade desses dois eixos da linguagem para vários tipos de sistemas de signos não linguísticos (Jakobson, 1971). Extraindo sua inspiração das figuras de linguagem, Jakobson rebatizou a ordem sintagmática sob o nome de *metonímia*, e a ordem paradigmática, de *metáfora*. Na cultura, aparecem assim variados discursos de tipo metonímico e outros de tipo metafórico. Não se trata, evidentemente, de um recurso exclusivo a um dos dois tipos, pois sintagma ou metonímia e paradigma ou metáfora são eixos indissociáveis, não podendo existir um sem o outro. O que Jakobson detectou, portanto, foi apenas o domínio de um sobre o outro em certos tipos de discurso. Desse modo, à ordem da metáfora pertenceriam os cantos líricos, as obras do romantismo e do simbolismo, a pintura surrealista, os filmes de Charles Chaplin (nos quais as fusões superpostas funcionariam como verdadeiras metáforas fílmicas) etc. À ordem da metonímia pertenceriam as narrativas realistas, as notícias de jornal etc.

Provavelmente, a descoberta mais importante de Saussure na sua concepção da língua encontra-se no seu conceito de valor. A língua não é uma substância, mas se constitui como um sistema de diferenças. O que isso quer dizer? Os signos não significam em si mesmos, de modo positivo, mas de modo negativo, porque fazem parte de um sistema de diferenciações por vezes muito sutis, como aquela entre "pato" e "bato". Um signo significa porque difere de um outro pelo menos por um traço distintivo, por mais ínfima que possa ser, como no caso exposto, em que "p" é um fonema surdo, enquanto "b" é um fonema sonoro. Sutil, mas faz toda a diferença.

Tais são os princípios de um sistema estruturalista. Quando dizemos "estruturalista" significa que, na esteira de Saussure, desenvolveu-se um método de investigação preocupado com os elementos componentes de um sistema e das estruturas que eles criam entre si. Esse método esteve em voga durante algumas décadas na França, dos anos 1950 a 1980, influenciando várias outras áreas das ciências humanas, especialmente a antropologia de Claude Lévi-Strauss (1908-2009) e muitos outros campos, como a sociologia e os estudos literários. Apesar de terem sido herdeiros do estruturalismo, alguns pensadores que foram críticos desse movimento, bem como daquilo que ele prescrevia, passaram a se chamar de *pós-estruturalistas*, como Michel Foucault (1926-1984), Jacques Lacan (1901-1981) e Gilles Deleuze (1925-1995).

∴ A escola glossemática de Hjelmslev

Mais radicalmente estruturalista do que Saussure foi o linguista dinamarquês Louis Hjelmslev (1899-1965). Ele criou uma escola linguística conhecida como *glossemática*, ou Escola de Copenhague. Por ter estendido as noções extraídas da linguística para outros sistemas não linguísticos, seu pensamento acabou também por avançar para o campo da semiótica. Seu método era rigorosamente empiricista e dedutivo. Para ele, "O texto é a totalidade na qual se manifestam as estruturas do sistema semiótico" (Pinto, 2003, p. 20).

> De acordo com sua visão estruturalista [a partir da qual é possível deduzir classes de estruturas com as dependências entre os elementos], o texto é segmentado até seus componentes mínimos. E o processo analítico consiste em reagrupar esses elementos em classes de acordo com suas possibilidades combinatórias, procurando estabelecer um cálculo geral, exaustivo das combinações possíveis. (Pinto, 2003, p. 20)

A meta final seria estabelecer "uma álgebra imanente da linguagem" (Hjelmslev, 1961, p. 80, tradução nossa). Hjelmslev expandiu sobremaneira as divisões dicotômicas de Saussure. *Língua* e *fala* foram substituídas por *sistema* e *processo*, por exemplo, mas, ao mesmo tempo pela distinção de três planos – esquema, norma e uso – nos sistemas semióticos. O uso apresenta alguma correspondência com a fala, em Saussure. Esquema, também chamado de *sistema*, junto com norma, entra para explicar a língua.

O nome que deu, em princípio, à expansão do seu sistema linguístico foi *semiologia*, com a qual pretendia estabelecer um ponto de vista comum a outras disciplinas, como literatura, arte, música, história geral, lógica e matemática. Com esse escopo, a semiologia foi definida como uma metassemiótica, ou seja, uma teoria que toma como objeto de estudos as semióticas não científicas dos sistemas de linguagens. Portanto, em um nível mais alto de uma hierarquia estaria a metassemiótica ou a semiologia, quer dizer, uma semiótica científica que segue os princípios do empiricismo dedutivo de uma descrição exaustiva. Ela tem uma ou várias semióticas que constituem um ou vários dos seus planos que funcionam como semióticas-objeto ainda não científicas. Nesse sentido, a linguística, por exemplo, é uma semiologia cujo objeto (uma semiótica) é uma língua natural. Além da linguística, há também outras semiologias cujos objetos de estudo são outros fenômenos sígnicos. Os princípios comuns a essas semiologias, de acordo com Hjelmslev, formam o campo da *metassemiologia*, "uma semiótica meta (científica) cujos objetos semióticos são as semiologias" (Hjelmslev, 1961, citado por Nöth, 1996, p. 46).

A díada do significante (imagem acústica) e do significado (conceito) de Saussure foi redefinida por Hjelmslev como *expressão* e *conteúdo*. Então, subdividiu, de um lado, a expressão em substância de expressão e forma de expressão, e, de outro, o conteúdo em substância do conteúdo e forma do conteúdo, conforme vemos na Figura 6.1.

Figura 6.1 – Diagrama das funções sígnicas segundo Hjelmslev

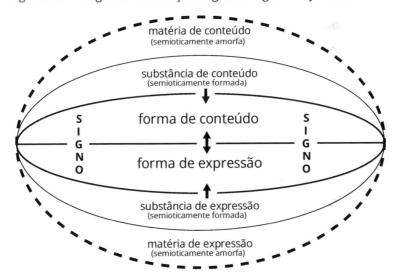

Fonte: Nöth; Santaella, 2017, p. 128.

A forma de conteúdo e a forma de expressão são duas constantes que dependem uma da outra. Hjelmslev atribuiu substância e forma tanto ao significado (conteúdo) quanto à expressão fonética ou grafemática do signo verbal. A substância é distinta tanto de matéria quanto de forma. Assim, no plano de conteúdo da linguagem, a matéria de conteúdo é a "massa de pensamento amorfa" , antes de ser articulada (Hjelmslev, 1961, p. 52, tradução nossa), ao passo que, no plano de expressão, a "matéria de expressão é o potencial fonético da articulação vocal humana, que é usado diferentemente para formar os sistemas fonológicos das línguas naturais" (Nöth, 1996, p. 62). A forma de conteúdo "é independente da forma de expressão e se encontra em relação arbitrária com a matéria, transformando-a em uma substância de conteúdo" (Hjelmslev, 1961, p. 52, tradução nossa).

No plano de expressão de uma língua falada, por exemplo, o sistema fonológico é sua substância de expressão. Assim,

> Cada um dos planos da forma depende de uma substância no sentido de que a sua forma, sendo abstrata, precisa de uma substância para manifestar-se (tornar-se concreta e perceptível). A forma de expressão manifesta-se na substância fonética formada do signo, e a forma do conteúdo manifesta-se no conteúdo dos signos verbais. É nesse sentido que a forma depende da substância. (Nöth; Santaella, 2017, p. 129)

Dessas dicotomias decorre a definição de signo como algo gerado pela conexão indissolúvel dos planos de expressão e conteúdo. Tanto quanto Saussure, Hjelmslev rejeitou a noção de signo como capaz de dar expressão a algo fora dele. Em ambos, o sistema tem uma imanência própria que independe de suas relações externas. Todavia, como resolver essa negação do poder de referência do signo? A resposta de Hjelmslev (1961, p. 57, tradução nossa) apenas confirma a imanência do sistema: "O fato de que um signo é um signo de algo significa que a forma de conteúdo dele pode incluir esse algo como substância de conteúdo". Desse modo, a referência extralinguística é projetada na esfera do significado.

Como bem lembrado por Nöth (1996), esse princípio se tornou um dogma dos neo-hjelmslevianos, como Algirdas J. Greimas (1917-1992) e Umberto Eco (1932-2016), na fase em que se aproximou de Hjelmslev. Contudo, este foi além, pois, ao se basear no paralelismo estrito entre os planos de expressão e de conteúdo, chegou à conclusão de que há também uma referência da forma de expressão na substância de expressão:

> O signo é, então, por mais paradoxal que possa parecer, um signo para uma substância de conteúdo e um signo para uma substância de expressão. É nesse sentido que o signo pode ser dito um signo de algo. [...] O signo é uma entidade com duas faces, com uma perspectiva, à maneira de Janus, indo em duas direções, e, com efeito, em dois sentidos: "para fora",

Estética & semiótica

em direção à substância de expressão, e "para dentro", em direção à substância de conteúdo. (Hjelmslev, 1961, p. 58, tradução nossa)

Além disso, os componentes sígnicos do plano de expressão foram chamados de *cenemas*, algo como uma forma pura que se manifesta não apenas nos sons das línguas, mas em substâncias escritas ou gestuais. O estudo dos cenemas coube à cenemática. Correspondentemente às figuras de conteúdo, seus elementos internos foram chamados de *pleremas*. Estes, posteriormente, ficaram conhecidos na semântica como *semas, unidades de conteúdo*. Há outras complexidades na linguística-semiológica ou semiótica de Hjelmslev; porém, para ficarmos no que parece mais importante, podemos passar para a distinção entre signo e símbolo.

Muitos signos extralinguísticos não podem ser decompostos em elementos mínimos de conteúdo ou expressão. Exemplos disso são o semáforo, as peças de xadrez ou os números arbitrários de um registro. Nesses casos, as formas de conteúdo e de expressão exibem uma relação uma a uma. Em vez de biplanares, sistemas que podem ser decompostos duplamente, tais sistemas seriam monoplanares, pois, ao apresentarem uma isomorfia entre expressão e conteúdo, são chamados de *símbolos*.

A definição semiótica da dicotomia conotação-denotação é fundamental em Hjelmslev, cuja teoria da conotação se tornou, posteriormente, a base da semiologia de Roland Barthes (1915-1980), explicada no próximo item. Da glossemática extraiu-se o modelo do signo denotativo. Mas há dois tipos de signos mais complexos: os que pertencem a uma semiótica conotativa e os que pertencem a uma metassemiótica. A primeira é composta por signos conotadores, unidades semióticas de estilo. Disso decorrem as extensões conotativas dos signos denotativos em três variedades: 1) forma denotativa; 2) de substância denotativa; e 3) forma e substância denotativa.

> A metassemiótica é mais complicada. "forma novos termos e nova terminologia **sobre** uma linguagem objeto, [e que] sua adição específica a esta primeira linguagem objeto consiste num novo plano de expressão" (NÖTH, 1996, p. 77). O plano de conteúdo associado a este novo plano de expressão é precisamente o vocabulário da linguagem objeto. (Pereira Lima, 2010, p. 102, grifo nosso)

A diferença entre a semiótica conotativa e a metassemiótica leva ao seguinte paralelismo estrutural: uma *semiótica conotativa* é uma "semiótica cujo plano de expressão é uma semiótica", e uma *metassemiótica* é aquela "cujo plano de conteúdo é uma semiótica" (Hjelmslev, 1961, p. 114, tradução nossa). Portanto, signos conotativos e metassemióticos são signos que contêm um signo semanticamente mais primitivo tanto no plano de expressão quanto no de conteúdo.

Hjelmslev teve grande influência tanto sobre A. J. Greimas e sua Escola de Paris quanto sobre uma parte da semiótica de Eco, antes de este se converter, de certa forma, à semiótica de Peirce.

Os *Elementos* de semiologia (1964), de Roland Barthes, e a semiótica do filme (Metz, 1971, 1977), de Christian Metz (1931-1993), foram fundamentados na semiótica de Hjelmslev.

∴ A semiologia de Barthes

A obra de Barthes passou por um nítido processo evolutivo. Sua aderência à semiologia e ao estruturalismo correspondeu apenas a uma fase que foi, mais tarde, renegada por ele. Assim, sua pesquisa semiológica, no quadro do paradigma estruturalista, foi exposta no seu livro *Elementos de semiologia* (1964) e atingiu seu clímax em seu *Sistema da moda* (1967).

No seu estudo anterior, ao qual deu o nome de *Mitologias* (1957) – portanto, antes do desenvolvimento de sua semiologia estruturalista –, Barthes havia definido os sistemas de significações secundárias como *mitos*. Posteriormente, descreveu essa esfera das conotações como uma ideologia. Assim, os meios de

Transformações históricas nas correntes teóricas da semiótica

comunicação de massa se caracterizam por criar mitologias e ideologias como sistemas conotativos secundários, isto porque tentam dar a suas mensagens uma fundamentação na natureza, considerada como um sistema denotativo primário. "No nível denotativo, elas expressam significações primárias, 'naturais'. No nível conotativo, elas escondem significações secundárias, ideológicas" (Nöth, 1996, p. 151).

> *Mitologias* pertence à fase barthesiana de crítica social quando argumentou que o mito nas mídias serve para "naturalizar" as mensagens da classe burguesa, usando estrategicamente mensagens factuais, no nível denotativo, como veículo de mensagens ideológicas no nível conotativo. Mitos, nesta visão, privam o objeto da sua história e evitam questionamentos sobre as condições presentes ao disfarçarem afirmações particulares como se fossem verdades universais. (Nöth, 1996, p. 152)

Depois dos seus estudos críticos da cultura cotidiana em *Mitologia,* Barthes propôs um programa para a pesquisa sistemática de elementos semióticos não linguísticos em *Elementos de semiologia.* O conceito de *conotação,* em particular a teoria de Hjelmslev da conotação, é a chave para se entender a semiologia barthesiana. Ela se baseou numa versão simplificada do modelo sígnico glossemático. Negligenciando as dimensões da forma e da substância, Barthes (1964) definiu um signo como um sistema consistindo de uma expressão (E), em relação (R) a um conteúdo (C): E R C. Esse é o sistema primário, mas ele pode ser tornar um elemento de um sistema sígnico mais amplo. Se a extensão é de conteúdo, o signo primário (E1 R1 C1) se torna a expressão (E) de um sistema sígnico secundário: E2 (= E1 R1 C1) R2 C2 (Barthes, 1964, p. 89). Nesse caso, o signo primário pertence a uma semiótica denotativa, enquanto o signo secundário constitui uma semiótica conotativa. Barthes representou essas relações em seu modelo de um sistema escalonado (Figura 6.2).

Figura 6.2 – Diagrama da denotação e conotação segundo Barthes

signo secundário	CONOTAÇÃO	expressão2		conteúdo2
signo primário	DENOTAÇÃO	expressão1	conteúdo1	

Fonte: Nöth; Santaella, 2017, p. 180.

Esse modelo foi utilizado por Barthes para analisar vários tipos de sistemas de signos. Automóveis, arquitetura, mobília, comida e vestuário são alguns dos objetos para os quais ele sugeriu métodos de análise semiótica. Em *O sistema da moda* (1967), fez a tentativa mais detalhada desse tipo de análise. Para isso, tomou como objeto de estudo a moda na França de acordo com duas revistas de 1958-1959. As principais características de sua abordagem estrutural-semiótica foram sintetizadas por Nöth (1996):

Transformações históricas nas correntes teóricas da semiótica

1. De acordo com princípios sincrônicos do estruturalismo linguístico, Barthes escolheu um *corpus* fechado, as revistas de moda de uma estação.

2. Métodos estruturais foram aplicados aos dados do *corpus* para determinar os traços pertinentes ou distintivos do sistema da moda. Disso resultaram classes de elementos paradigmáticos e regras de compatibilidades e incompatibilidades sintagmáticas desses elementos. Ficaram, assim, determinadas as unidades mínimas do sistema da moda, que ele denominou "vestemas" (Barthes, 1967). "Após um inventário de possíveis categorias de vestuário, chamadas de 'gêneros', e uma tipologia de possíveis oposições no sistema de vestemas, Barthes chegou a uma ampla taxonomia de possíveis elementos de vestuário" (Nöth, 1996, p. 155).

3. Em analogia à dicotomia de Saussure entre língua e fala, à primeira correspondia o código *vestuário*, ou seja, o sistema de elementos e regras da moda, e sua atualização individual em peças de roupa era o correspondente da fala.

Neste estudo, Barthes baseou-se muito mais no material escrito sobre a moda – ou seja, em comentários sobre as fotografias de moda – do que nas fotos elas mesmas. Nesse período da obra de Barthes, isso não é de se estranhar, pois foi justamente quando ele se posicionou a favor da dependência à linguística dos sistemas não linguísticos, ou seja, postulou que a semiologia deveria ser uma parte da linguística e a ela estar submetida. Felizmente, essa fase linguocêntrica foi negada pelo próprio Barthes, quando ele passou a abrir novos horizontes em sua obra que abandonaram por completo os critérios estritos do estruturalismo.

∴ A semiótica narratológica Greimas

A complexidade da semiótica greimasiana pode ser avaliada pelo grande número de fontes a que Greimas recorreu, entre as quais se destacam o estruturalismo linguístico de Hjelmslev, a antropologia estrutural de Lévi-Strauss, a teoria formalista do conto de Vladimir Propp (1895-1970) e a teoria das situações dramáticas de Etienne Souriau (1892-1979). Greimas começou sua trajetória teórica aplicando métodos estruturalistas a textos que ele preferia chamar de *discursos*. Vem daí a presença das oposições binárias em seu quadro teórico, baseado especialmente no modelo sígnico glossemático de Hjelmslev, além de ter influências da sintaxe de dependência de LucienTesnière (1893-1954).

Em seu livro *Sémantique structurale* (1966), com base na lexicologìa estrutural, Greimas realizou a análise semântica de estruturas textuais. Seu projeto semiótico encontrou continuidade em uma série de ensaios publicados em *Du sens* (1970), *Sémiotique et sciences sociales* (1976) e *Du sens II* (1983). Porém, a apresentação

Transformações históricas nas correntes teóricas da semiótica

mais sistematizada da primeira fase de sua semiótica encontra-se na obra publicada em parceria com J. Courtés (1979) para daí penetrar no universo das paixões, no livro em parceria com Fontanille (1948-), sob o título de *Semiótica das paixões* (Greimas; Fontanille, 1993).

Como já foi mencionado ao final do Capítulo 1, Greimas não definiu o signo como uma ciência dos signos, mas como uma teoria da significação. Em sua obra, desenvolveu os conceitos abstratos capazes de explicitar como são gerados tais processos que se realizam tanto abaixo quanto acima dos signos. No nível inferior, a atomização estrutural dos signos (mais precisamente das significações) em seus componentes semânticos, chamados de *semas*, produz elementos analíticos que ainda não são signos. No nível superior, a descoberta de unidades textuais produz entidades semânticas que são mais que signos.

Derivado de sua semântica, o modelo semiótico greimasiano, destinado a explicitar a geração de qualquer sistema semiótico, desenvolve-se em uma trajetória gerativa que se estrutura em três áreas gerais autônomas: estruturas **semionarrativas**, estruturas **discursivas** e estruturas **textuais**. Estas últimas são estruturas da substância de expressão no sentido de Hjelmslev, as quais, no texto falado, por exemplo, aparecem na linearidade fonética, no texto e na visualidade da escritura (Greimas; Courtés, 1979).

A trajetória gerativa, por seu lado, composta pelas estruturas semio-narrativas e as estruturas discursivas,

> descreve a produção discursiva como um processo que se desenvolve em vários níveis de profundidade, cada um contendo uma subcomponente sintática e uma semântica. O processo gerativo começa num nível profundo, com estruturas elementares, e se estende a estruturas mais complexas, em níveis mais elevados. (Nöth, 1996, p. 167)

Toda a trajetória descreve estruturas que, segundo Greimas e Courtés (1979, p. 107), "governam a organização do discurso anterior à sua manifestação numa língua natural dada (ou em um sistema semiótico não linguístico)". As estruturas semio-narrativas descrevem uma competência semiótica que combina estruturas semânticas e sintáticas com base em uma gramática fundamental do discurso, relativamente similar à noção de língua de Saussure, mas ampliada pelas dimensões da semântica e do texto (Greimas; Courtés, 1979, p. 103). No nível profundo (Greimas; Courtés, 1979, p. 330, 380), encontram-se a semântica e a sintaxe fundamentais.

Na sua elaboração desta semântica fundamental, Greimas foi influenciado pelo modelo da estrutura binária de mito de Lévi-Strauss. A semântica fundamental contém categorias elementares que se articulam em oposições semânticas e constituem relações lógicas elementares analisadas em forma de quadrados semióticos. Neste nível profundo aparece o tema global, a significação simbólica, de uma narrativa, por exemplo, o tema da vida em relação à morte, à falta de vida ("não vida") ou da morte ("não morte"). A sintaxe fundamental é inspirada pelo modelo das sequências narrativas e consiste de constelações actanciais básicas e ainda abstratas da narrativa. (Nöth, 1996, p.167)

No nível superficial, a sintaxe narrativa analisa a estrutura de sintagmas narrativos elementares, que são chamados de *programas narrativos*. Nesse ponto, as categorias profundas aparecem em categorias antropomórficas como ações de sujeitos humanos (Greimas; Courtés, 1979). Aqui se encontram as proposições narrativas sobre as ações, ou seja, o fazer dos actantes, aqueles que fazem. Elas têm a forma de F(A), quer dizer, descrevem funções (F) de actantes (A). A trama da narrativa se desenvolve na sequência de tais proposições. "Os actantes principais são o sujeito e o objeto, do qual ele ou ela é separado (numa relação de disjunção) ou com o qual ele ou ela é unido (numa relação de conjunção). Disjunção, transformação e conjunção de actantes são, portanto, as fontes básicas de qualquer desenvolvimento narrativo" (Nöth, 1996, p. 168).

Perguntas & respostas

Como se define o signo linguístico segundo Saussure?

Para Saussure, o signo estabelece uma relação de duas faces entre um significante e um significado. O primeiro corresponde à imagem acústica que está arquivada na mente de cada falante da língua. O segundo consiste no conteúdo ou conceito, ou seja, no significado que se agrega à imagem acústica.

Por que se pode dizer que Hjelmslev ampliou o sistema de dicotomias de Saussure?

No sistema saussuriano, enquanto o signo se desdobra em duas faces, em Hjelmslev o signo tem uma substância de expressão e uma substância de conteúdo que se desdobram em forma de expressão e em forma de conteúdo. Trata-se, portanto, de um sistema mais complexo do que o saussuriano, embora haja similaridade entre ambos.

Como se define o sistema semiológico de Barthes?

Com inspiração na glossemática de Hjelmslev, a semiologia de Barthes está baseada em dois conceitos fundamentais: denotação e conotação. Para ele, um signo consiste de E, uma expressão, que está em relação (R) com um conteúdo (C). Esse é o sistema primário, ou seja, denotativo. Mas ele pode se tornar um elemento de um sistema sígnico mais amplo que transforma a denotação em conotação.

Transformações históricas nas correntes teóricas da semiótica

A semântica narrativa do nível superficial corresponde ao "domínio da atualização de valores semânticos selecionados da estrutura profunda e atribuídos aos actantes" da narrativa superficial (Santaella, 2001b, p. 320). "Greimas e Courtés (1979) distinguem os valores modais (do fazer) e descritivos (do ser). [Os] Valores modais se referem a categorias como **desejo**, **obrigação** ou **conhecimento**. Com base nestas categorias, Greimas desenvolveu uma *gramática das modalidades*." (Nicolau, 2005, grifo do original).

Sintetizando: as estruturas da dimensão discursiva do texto têm a função de "trazer as estruturas superficiais ao discurso" (Greimas; Courtés, 1979, p. 160). A sintaxe discursiva, por sua vez, produz um grupo organizado de atores e uma estrutura temporal e espacial (Greimas; Courtés, 1979, p. 107, 330). Assim, ela é o processo de localizar atores narrativos no tempo e no espaço. A semântica discursiva (Greimas; Courtés, 1979), com seus componentes de tematização e figurativização, descreve as concatenações isotópicas (ver Nöth; Santaella, 2017, p. 195) de temas abstratos que podem ser ligadas a figuras concretas.

Trata-se de um modelo que simula a produção e a interpretação do significado do conteúdo de um texto, isto é, um simulacro metodológico. O sentido decorre de uma articulação dos elementos sintáticos e semânticos que compõem o discurso. O objetivo do percurso é dispor, em situação linear e ordenada, elementos entre os quais há uma progressão de um ponto a outro, amparada em instâncias intermediárias. Ao ser gerativo, o percurso apresenta componentes que estão articulados uns em relação a outros. Assim, as estruturas sintáticas profundas são geradas pelos componentes de base e as de superfície resultam de operações do sistema transformacional. Os componentes semânticos estão na estrutura profunda e ao longo do percurso transformacional até o nível superficial. O sentido gerado, embora não tenha definição, é aceito como aquilo que fundamenta as atividades humanas enquanto intencionalidade. (Sardinha, 2014, p. 105)

Uma vez que a semiótica greimasiana estuda os processos de significação, este se constitui no conceito-chave da teoria. Greimas estabelece a distinção entre **significação** e **sentido**. Este se define como "aquilo que é anterior à produção semiótica", enquanto significação é sentido articulado (Greimas; Courtés, 1979, p. 352). Seu modelo da estrutura elementar da significação e da análise sêmica já havia sido elaborado na *Semântica estrutural* (1966) e, na trajetória gerativa do texto, as estruturas de significação elementares são localizadas no nível das estruturas profundas.

As relações elementares do mundo semântico são relações de **oposição**, de modo que a "origem da significação é uma relação elementar constituída pela diferença entre dois termos semânticos" (Nöth, 1996, p. 151). Por exemplo, "a diferença entre [...] 'filho' e 'filha' é devida a uma oposição [...] definida pelos traços 'masculino' e 'feminino'", os quais apresentam uma relação de disjunção "que pressupõe o reconhecimento de alguma semelhança semântica, neste caso, a categoria sêmântica de 'sexo'" presente tanto no "masculino" como no "feminino" (Nöth, 1996, p. 151). Essa categoria comum constitui uma relação de conjunção. Assim se constitui a estrutura elementar de significação (Nöth, 1996).

> As oposições que constituem os eixos semânticos podem representar dois tipos diferentes de relação lógica. O primeiro tipo, a **contradição**, é a relação que existe entre dois termos da categoria binária asserção/negação (cf. Greimas & Courtés, 1979: 67). Essa relação é descrita como a oposição entre a presença e a ausência de um sema. Desta forma, um sema S1, "vida" é oposto a seu não-S1 contraditório, "não-vida" (no qual o sema "vida" está ausente). O segundo tipo é o da **contrariedade** (cf. Ibid). Dois semas de um eixo semântico são contrários se um deles implica o contrário do outro. O contrário de S1, "vida", é S2 "morte" [...]. (Nicolau, 2005, grifo nosso)

Os dois semas pressupõem um ao outro. A constelação semântica de três termos nos dois eixos pode agora ser expandida pelo contrário do sema *morte*, em *não morte*. "Disso resulta uma constelação de quatro termos, na qual um novo tipo de **relação**, **implicação** ou **complementaridade** surge entre os termos S1 e S2 ou S2 e S1 ('vida' implica 'não morte', 'morte' implica 'não vida')" (Nicolau, 2005, grifo do original), como podemos ver no famoso quadrado semiótico de Greimas (Figura 6.3).

Figura 6.3 – Diagrama do quadrado semiótico segundo Greimas

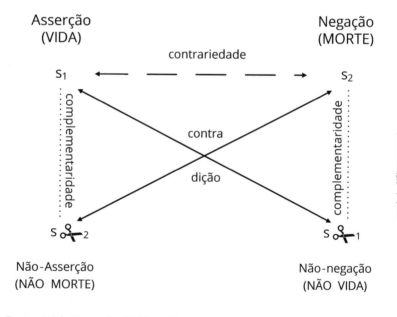

Fonte: Nöth; Santaella, 2017, p. 159.

Transformações históricas nas correntes teóricas da semiótica

O caráter de estrutura profunda deste quadrado semiótico é evidente pelo fato de que seus quatro valores semânticos não possuem sempre um equivalente lexical correspondente na estrutura superficial. Não há, por exemplo, itens lexicais que expressem as ideias de *não morte* ou *não vida* (Nöth, 1996).

As oposições da semântica fundamental na forma dos quadrados semióticos são ainda atemporais e tem que ser desenvolvidas na sequência sintagmática do discurso. Também no nível sintático profundo, na sintaxe fundamental, Greimas postula uma estrutura atemporal antes da temporalização dela nas proposições de programas narrativos. A estrutura do nível sintático profundo tem a forma do modelo actancial. (Nöth, 1996, p. 157)

Essa sintaxe narrativa não se limita aos textos narrativos, pois também comparece em textos filosóficos, políticos ou científicos e até mesmo em sintaxes cotidianas que também apresentam uma estrutura narrativa. É essa derivação que justifica o fato de a semiótica greimasiana ser uma semiótica narratológica.

O complexo modelo narrativo como foi descrito estaria presente em quaisquer tipos de discursos, verbais ou não – e mesmo nos discursos verbais, não apenas naqueles que são evidentemente narrativos, ou seja, que contam uma história. Assim, o modelo básico da estrutura actancial é descrito como se segue.

Um **sujeito** narrativo, prototipicamente o herói do conto, deseja e procura um **objeto**, que pode ser uma pessoa, por exemplo, uma princesa. O sujeito e o objeto fazem ainda parte de duas redes semânticas mais desenvolvidas: o sujeito, de um lado, é assistido por um **coadjuvante**, mas, do outro lado, tem de lutar contra um **opositor**, o vilão do conto. Ambos possuem o poder de ajudar ou prejudicar o herói. O objeto se encontra entre um destinador que dá o objeto (por exemplo, ao herói) e um destinatário que o recebe (por ex. das mãos do herói). O destinador da princesa do nosso conto seria, assim, o pai; o destinatário seria o futuro marido dela, que pode ser o herói. O destinador e o destinatário possuem um "saber" situacional e representam um eixo de comunicação. Entre o destinador e o destinatário, Greimas vê uma relação de **implicação**, entre o sujeito e o objeto, uma relação de **projeção** e entre adjuvante e opositor, uma relação de *contradição*.

[...]

As categorias actanciais desta sintaxe profunda podem se manifestar em atores na superfície da narrativa. É, portanto,

Transformações históricas nas correntes teóricas da semiótica

necessário distinguir entre os actantes da sintaxe fundamental e os atores que representam estes actantes na superfície.

(Nöth, 1996, p. 157, grifo nosso)

Isso não é prerrogativa das narrativas, pois textos jurídicos ou ideológicos também exibem essas categorias gerais (Nöth, 1996). Tomemos o exemplo de um texto filosófico, cujo sujeito é o filósofo. Seus coadjuvantes são os filósofos que ele ou ela cita com aprovação, os opositores são os autores que ele ou ela rejeita, o objeto seria provavelmente o conhecimento da verdade, o destinador dela seria outra vez o filósofo autor e o destinatário seríamos nós, os leitores. O mesmo padrão também se manifesta na maior parte dos textos publicitários, nos quais, via de regra, o sujeito é o consumidor cujo objeto do desejo, nesse caso, é a mulher que ama e o coadjuvante é o carro novo cuja compra ele aprecia como meio para agradar seu objeto do desejo.

Conforme avançou nas suas categorias actanciais, Greimas as reduziu a duas relações lógicas e fundamentais de conjunção e disjunção. Enquanto a primeira gera separação e luta, a segunda gera reconciliação e união. Além disso, sua semiótica narrativa se estendeu "para uma semiótica das emoções e paixões dos actantes", quando as modalidades actanciais do fazer incorporam também modalidades descritivas do ser (Santaella, 2001b, p. 320). Assim, os actantes não apenas fazem, mas também expressam emoções nas chaves do "querer, dever, poder e saber, modalidade que já caracterizam as relações dos actantes na estrutura profunda do modelo actancial" (Santaella, 2001b, p. 320).

Ademais, as ações passaram a ser enriquecidas pela aspectualidade verbal, a qual se subdivide nos aspectos incoativos, durativos e terminativos, os quais "descrevem continuidades, descontinuidades, estabilidades e instabilidades na representação narrativa dos eventos" (Santaella, 2001b, p. 320). São essas categorias da aspectualidade que Greimas aplicou, sobretudo, nos seus estudos das paixões.

A Semiótica, ao reconhecer que há um componente patêmico a perpassar todas as relações e atividades humanas, que ele é o que move a ação humana e que a enunciação discursiviza a subjetividade, mostra que as paixões estão sempre presentes nos textos. A teoria narrativa desenvolvida inicialmente explicava o que se poderiam chamar estados de coisas, mas não o que se denominariam estados de alma (Greimas; Fontanille, 1993). Ela trabalhava com textos em que há transferência de objetos tesaurizáveis ou com textos em que há estruturas diversas de manipulação e de sanção. Seria preciso ocupar-se de textos que operam com a paixão, definida como qualquer "estado de alma". O sentimento não se opõe à razão, pois é uma forma de racionalidade discursiva. Os estados patêmicos são, por exemplo, a cólera, o amor, a indiferença, a tristeza, a frustração, a alegria, a amargura... A Semiótica, ao examinar as paixões, não faz um estudo dos caracteres e dos temperamentos. Ao contrário, considera que os efeitos afetivos ou passionais do discurso resultam da modalização do sujeito de estado. (Fiorin, 2007, p. 10)

A apresentação anterior não esgota as complexidades da semiótica greimasiana, mas permite uma visão geral do modelo que criou e que é bastante seguido por muitos semioticistas não apenas no estudo das narrativas, mas também de outros sistemas sígnicos, como a música, por exemplo (Tatit, 1994).

∴ A semiótica de Eco

Intelectual e escritor profícuo, Eco produziu uma extensa obra que se estende da filosofia medieval, passando pela teoria literária, teoria dos meios de comunicação de massa, até alcançar o estudo de temas grandiosos e específicos, como a beleza e a feiúra. Eco acompanhou muito de perto e desenvolvendo estudos críticos acerca do desenvolvimento do estruturalismo e pós-estruturalismo francês. Não obstante a diversidade de seus interesses, sempre dentro do campo das humanidades, ele se fez representar fundamentalmente como semioticista desde a juventude até o fim de sua vida. Em cada fase de sua produção, Eco adotou princípios e métodos semióticos diferenciados.

Na primeira fase, que se apresenta em *A estrutura ausente* (1971) e *As formas do conteúdo* (1974), ainda se via fortemente influenciado pelos esplendores do estruturalismo francês. Mais tarde, sua preocupação se voltou para a construção de uma semiótica geral como base para o grande número de semióticas regionais, tais como semiótica da imagem, do espaço, da publicidade, da arquitetura, da arte, da medicina e de um grande número de outras áreas que foram buscar na semiótica fontes analíticas capazes de auxiliar na compreensão do funcionamento sígnico de seus objetos.

Eco construiu sua semiótica geral no *Tratado geral de semiótica* (1980), no qual desenvolveu conceitos bastante inspirados na semiótica peirciana, mas interpretados à sua maneira. Por tomar como princípio de sua interpretação semiótica que todos os processos sígnicos são necessariamente processos culturais, isso acabou marcando a sua divisão da realidade entre um campo semiótico e um campo não semiótico. O primeiro começa nos signos que, de algum modo, trazem a marca de uma convenção social. Por isso, Eco negou a possibilidade de uma semiótica da natureza. Assim, a base de sua semiótica se situa em dois pilares: os sistemas de codificação e os sistemas culturais. Para ele, signos são mensagens codificadas por meio de códigos convencionados em ambientes culturais.

No seu *Tratado geral de semiótica*, com uma interpretação muito própria, Eco (1980) emprestou a terminologia da classificação de signos que foi elaborada por Peirce. Dadas as similaridades e diferenças dos conceitos de Eco com a matriz peirciana, para aqueles que desejam avançar no estudo da semiótica de Eco, é preciso lembrar que tal estudo pressupõe algum conhecimento de Peirce, cuja semiótica será discutida no próximo capítulo.

Síntese

Este capítulo apresentou o desenvolvimento da semiótica, desde a Antiguidade até seu apogeu, que se deu no século XX. Os principais autores e escolas correspondentes foram apresentados e os conceitos que fundam cada uma dessas escolas foram discutidos. Essas escolas partem de matrizes diferenciadas; a maioria delas, de princípios e conceitos extraídos da linguística e que são ampliados para se adequarem aos campos dos signos não linguísticos. Podemos considerar que as duas grandes fontes da semiótica europeia, tratada neste capítulo, encontram-se em Saussure e, mais especialmente, em Hjelmslev.

Questões para revisão

1. Qual é o principal indicador de que os processos de significação, de representação e de mentalização têm ocupado a mente humana desde a Antiguidade?

2. É válida a constatação de que as semióticas europeias apresentadas neste capítulo são baseadas em sistemas de oposições binárias? Explique sua resposta.

3. Analise as afirmações a seguir sobre as correntes teóricas da semiótica.

   I) Hjelmslev expandiu as divisões dicotômicas de Saussure.

   II) A semiótica de Umberto Eco é completamente baseada no estruturalismo francês.

   III) A semiologia de Barthes desconsiderava o signo não verbal.

   IV) Greimas definiu o signo como uma teoria da significação.

   Agora, assinale a alternativa correta:

   a) As afirmações I e IV estão corretas.

   b) As afirmações I, II e IV estão corretas.

   c) As afirmações I, III e IV estão corretas.

   d) As afirmações II e IV estão corretas.

   e) As afirmações I e III estão corretas.

4. Qual autor expandiu a aplicabilidade dos conceitos de sintagma e paradigma?

a) Barthes.

b) Hjelmslev.

c) Greimas.

d) Jakobson.

e) Eco.

5. Os filósofos críticos do estruturalismo receberam o nome de:

a) pós-modernos.

b) historicistas.

c) filósofos críticos.

d) pós-estruturalistas.

e) filósofos da linguagem.

Capítulo

07

A teoria geral dos signos de Peirce

Conteúdos do capítulo:

- Elementos fundamentais da semiótica de Peirce.
- A discussão da noção de signo e de seu funcionamento.

A teoria geral dos signos de Peirce

O objetivo deste capítulo, como está explícito no próprio título, é apresentar os elementos fundamentais da semiótica peirciana de modo a fornecer ao leitor uma ideia do potencial que essa teoria pode apresentar para os estudos da comunicação. Além disso, especialmente no caso específico dos temas que são tratados neste livro, buscamos detectar traços estéticos nas mensagens produzidas em quaisquer sistemas de signos verbais e não verbais.

A obra deixada por Peirce é gigantesca. Além das 12 mil páginas que publicou em vida, ao morrer deixou nada menos do que 90 mil páginas de manuscritos. Essa extensão não deve assustar o leitor deste capítulo, visto que aqui trataremos apenas da semiótica, ou doutrina dos signos.

Entretanto, para fornecer um panorama do lugar que a semiótica ocupou na cartografia da obra peirciana, algumas informações são necessárias, antes de entrarmos no tópico aqui pretendido.

7.1
A ordenação das disciplinas filosóficas peircianas

Peirce era, antes de tudo, uma cientista de formação, tendo paralelamente se debruçado com afinco sobre a filosofia em função de sua paixão pela lógica. Esta, aliás, ele concebeu como sinônimo de semiótica.

Para compreender essa equação entre lógica e semiótica, é preciso considerar que, para Peirce (citado por Santaella, 1994), a lógica se distribui em três ramos:

1. A *gramática especulativa*, nome que ele deu para a sua teoria de todos os tipos de signos.

2. A lógica crítica, o estudo dos tipos de raciocínio dos quais decorrem os tipos de métodos que são empregados de modo mais sofisticado pela ciência, mas corriqueiramente também empregados na nossa vida corrente. São eles a abdução (ou o método da descoberta), a indução (ou o método das ciências empíricas) e a dedução (o método matemático por excelência).

3. A retórica especulativa (ou metodêutica), ou seja, o método das ciências e os modos pelos quais a ciência dá a conhecer seus resultados.

A lógica, entretanto, com seus três ramos, faz parte de uma tríade de ciências inter-relacionadas: a estética, a ética e a lógica, uma dependente da outra de acordo com essa ordem. A lógica não é autossuficiente, pois precisa da ética, ciência da ação humana, e esta, por sua vez, só pode se completar na estética, concebida como o fim último da ação humana, o ideal dos ideais, ou seja, o admirável (Santaella, 1994). Essas três ciências, entretanto, são precedidas pela fenomenologia e finalizam na metafísica. Tudo isso se constitui em um edifício de ciências interdependentes. Quando dizemos *ciência*, sob o ponto de vista de Peirce, não se pode confundir com *cientificismo*, pois sua concepção de ciência era muito bonita. Ou seja, pertencemos à comunidade de cientistas não porque acumulamos conhecimento ou porque temos um emprego em um laboratório ou em uma faculdade, mas porque somos devorados pela vontade de aprender, quer dizer, somos tomados pela curiosidade acerca daquilo que ainda não sabemos. A ciência, portanto, não é conhecimento acumulado em prateleiras, mas, sim, conhecimento em estado contínuo de metabolismo e crescimento.

Evidentemente, este não é o lugar para explanações acerca da obra de Peirce em toda a sua vastidão. Os sinais anteriores foram emitidos para evitarmos conceber a sua semiótica como uma ciência autônoma, pois ela não é. Ao contrário, ela se coloca a serviço das outras ciências que a rodeiam e, de acordo com o desejo de Peirce, a semiótica – ou teoria geral de todos os tipos de signos –, dentro de seu edifício filosófico, deveria cumprir o papel de esclarecer como funciona o pensamento que, para ele, sempre se dá em signos, de modo que, sobre essa base, os tipos de raciocínios e métodos pudessem ser analisados.

Para Peirce, "pensar é uma espécie de ação. Raciocinar é ação deliberada, autocontrolada, autocriticada" (Santaella, 2001b, p. 346). Para entender o segundo, é preciso antes entender o primeiro. É por isso que a ciência dos signos ocupou tanto espaço na obra de Peirce. Tendo esses sinais de alerta em mente, passemos para as questões mais propriamente semióticas.

7.2
A fenomenologia como alicerce da semiótica

Antes do desenvolvimento de uma doutrina de todos os tipos de signos como propedêutica para estudar os métodos das ciências, havia uma tarefa ainda mais preliminar da qual, segundo Peirce, nenhum pensador pode se furtar: a radical análise de todas as experiências possíveis, ou seja, trazer à baila as categorias gerais, abstratas e formais, onipresentes em quaisquer fenômenos de quaisquer espécies. (Santaella, 2016a, p. 120).

Em palavras mais simples e para trazer para mais perto de nossa constituição humana, as perguntas fenomenológicas são as seguintes: O que torna a experiência possível? Como estamos no mundo? Como apreendemos os fenômenos que a nós aparecem?

Peirce buscou as respostas em duas fases. Na primeira, utilizou um método extremamente abstrato de que resultou um texto breve, mas bastante intrincado, no qual anunciou uma nova lista de categorias distinta das categorias de Aristóteles e de outros filósofos posteriores. Na segunda fase, o método se tornou bem menos abstrato e o caminho para as respostas foi encontrado na abertura da mente para aquilo que a ela se apresenta, quer dizer, abrir as janelas do espírito e olhar para o mundo. Como resultado, chegou a suas famosas **três categorias**, que ele esvaziou de quaisquer conteúdos particulares a fim de reduzi-las aos seus sentidos puramente lógicos e universais. Chamou-as, assim, de *primeiridade, secundidade* e *terceiridade*. Os nomes se justificam porque se trata aí de categorias, de fato, universais. Elas aparecem em quaisquer fenômenos de quaisquer que sejam as esferas da realidade, desde o mundo físico, químico, passando pelo orgânico, animal, até alcançar o universo humano e todas as suas produções.

Para fornecer algumas sinalizações de orientação mais gerais, antes de entrarmos no detalhamento explicativo, fiquemos, por enquanto, com as ideias que estão relacionadas a cada uma dessas categorias.

- **Primeiridade**: Corresponde às ideias de "indeterminação, vagueza, indefinição, possibilidade, originalidade irresponsável e livre, espontaneidade, frescor, potencialidade, presentidade, imediaticidade, qualidade, sentimento" (Santaella, 2001b, p. 36).

- **Secundidade**: Trata-se de um elemento "determinado, terminado, final, objeto, correlativo, necessitado, reativo", o qual está relacionado "às noções de relação, polaridade, negação, matéria, realidade, força bruta e cega, compulsão, ação-reação, esforço-resistência, aqui e agora, oposição, efeito, ocorrência, fato, vividez, conflito, surpresa, dúvida, resultado" (Santaella, 2001b, p. 36).

- **Terceiridade**: É o "meio, devir, o que está em desenvolvimento, dizendo respeito à generalidade, [à] continuidade, [ao] crescimento, [à] mediação, [ao] infinito, [à] inteligência, à lei, à regularidade, [à] aprendizagem, [ao] hábito, [ao] signo" (Santaella, 2001b, p. 36).

209 A teoria geral dos signos de Peirce

Os nomes que receberam, puramente numéricos e vazios de significados *a priori*, justificam-se porque são categorias lógicas, a lógica das relações que foi desenvolvida por Peirce, em que o primeiro corresponde a uma lógica monádica – portanto, nãorelacional –, o segundo a uma lógica diádica, expressando a relação de dois termos, e o terceiro a uma lógica triádica, tri-relativa. Por serem despidas de conteúdo particular em seu nível lógico, isso permite que se perceba em cada campo o conteúdo específico com que as categorias se revestem. Por exemplo, na física, elas aparecem como: 1) acaso, 2) lei e 3) tendência do universo a adquirir novos hábitos. Já na psicologia, elas surgem como: 1) sentimento, 2) ação-reação e 3) pensamento-tempo.

Para saber mais

Entre vários outros escritos em que detalhei a apresentação das categorias, aqueles em que mais me estendi nas explicações encontram-se em algumas páginas do livro *O que é semiótica* e, mais recentemente, a edição ampliada de *Semiótica aplicada*.

SANTAELLA, L. **O que é semiótica**. São Paulo: Brasilense, 1983.

____. **Semiótica aplicada**. 2. ed. São Paulo: Cengage Learning, 2002.

A indicação dessas fontes ao leitor interessado libera-me para uma apresentação mais breve neste momento. Devo ressaltar que, para aquilo que nos interessa neste capítulo, as categorias serão vistas no seu aspecto mais psicológico, ou seja, aquele aspecto que diz respeito à maneira como o universo lá fora aparece à nossa consciência ou mente e o modo como reagimos àquilo que se apresenta.

Na fenomenologia, aquilo que se apresenta é chamado de *fenômeno – phaneron*, em grego –, ou seja, tudo aquilo que aparece a nós em qualquer momento e em quaisquer circunstâncias (Santaella, 2002). No nível da primeiridade, os fenômenos se apresentam com proeminência de seu aspecto qualitativo, apresentam-se tão só e apenas como qualidades. Assim são as cores, os cheiros, as luzes, o silêncio, os sons, a maciez, o sabor, a leveza, a dureza – enfim, tudo aquilo que fala aos nossos sentidos, tanto exteriores quanto interiores. Portanto, são também qualidades a nobreza, o altruísmo, a delicadeza, a elegância. Os seus contrários – como, por exemplo, a crueldade, a rudeza – também pertencem ao qualitativo, mas esses contrários, quase sempre, estão carregados de uma tal força que os impele para o universo da secundidade.

Ora, quando as qualidades dos fenômenos aparecem de modo dominante, a ponto de todos os seus outros aspectos serem levados para um plano secundário, se nossa mente estiver

A teoria geral dos signos de Peirce

em estado de disponibilidade, as qualidades são interiormente traduzidas em qualidades de sentimento, como se toda a nossa consciência não fosse senão a qualidade do sabor, da quietude, do prazer etc. Por exemplo: a neve cai e a melancolia desce com ela; a música atinge seu clímax e o coração vai junto; a criança escancara um sorriso solto e a alegria bate em nós. Como diria Álvaro de Campos: "pudesse eu **comer chocolates** com a mesma **verdade** com que **comes**" (Campos, 1928, grifo nosso). Salta aos olhos o quanto essa dimensão da nossa existência tem a ver com o efeito estético, ou seja, aquele efeito de exaltação, de beatitude ou de seja lá o que for que preenche a nossa alma.

Por ser uma categoria relacional, diádica, do ego e não ego, a secundidade é uma categoria opositiva que se traduz nas experiências de alteridade. A mera existência, estar vivo significa reagir. Existir significa ocupar um lugar no tempo e no espaço, enfrentar as vicissitudes, os dissabores, as surpresas que ferem nossas expectativas. De fato, não caminhamos em um plácido tapete, mas por uma trilha de instabilidades, mais ou menos intensas dependendo do contexto. Aliás, secundidade diz sempre respeito ao **contexto**, pois dele depende a intensidade dos choques. Mas o simples fato de estar aqui, lá, acolá implica estar em constante estado reativo, responsivo a tudo que aparece. Isso não quer dizer que não haja efeito estético também neste nível da experiência.

Tanto há que muitas obras, filmes, romances acionam uma tal sensação de perplexidade que chega a nos paralisar.

Quando chegamos à lógica triádica, entramos em um universo bem mais complexo, pois ele diz respeito às operações mentais que se desenvolvem e que nos tornam capazes de compreender, interpretar, inteligir e julgar aquilo que se apresenta à consciência. Pois bem, o que nos capacita para isso são, nada mais, nada menos, do que os signos. Por isso, Peirce diz que a forma mais simples de terceiridade encontra-se no signo.

Mas como o signo age? Eis a questão.

7.3
Definição e classificação dos signos

Não existe equívoco maior do que tentar penetrar o universo semiótico peirciano no esquecimento ou na ignorância da fenomenologia na qual a semiótica está embasada, pois as categorias constituem-se nos alicerces de todo o edifício filosófico de Peirce. A doutrina peirciana dos signos, ou semiótica, provém inteiramente das três categorias, e não há como compreender as sutilezas de suas inúmeras definições e classificações de signos sem uma penetração cuidadosa na fenomenologia. Se o signo é justamente terceiridade em sua manifestação mais simples, isso significa que não há separação entre fenomenologia e semiótica.

A teoria geral dos signos de Peirce

Não se trata aí simplesmente de importar uma fenomenologia de fora e implantá-la dentro da teoria semiótica. Ao contrário, a semiótica peirciana é extraída diretamente do interior da fenomenologia. Aliás, uma extração bem mais engenhosa do que a mera identidade da terceiridade com o signo, como se verá. Antes disso, algumas ressalvas são ainda necessárias.

Se o signo é justamente terceiridade em sua manifestação mais simples, isso significa que não há separação entre fenomenologia e semiótica.

A semiótica de Peirce é uma ciência formal. Disso decorre que a definição de signo e suas classificações têm uma natureza formal e, portanto, extremamente geral. São conceitos no seu nível de generalidade máxima. Essa é uma das razões das dificuldades que se costuma ter para compreender suas definições, pois os conceitos não estão se referindo a fenômenos empíricos.

Foi por essa razão que Peirce declarou que

o grande *desideratum* é uma teoria geral de todos os tipos possíveis de signos, seus modos de significação, de denotação e de informação: e todo o seu comportamento e suas propriedades, na medida em que não são acidentais (MS 634).

Estética & semiótica

> Por exemplo, embora uma peça de música de concerto seja um signo, assim como uma palavra ou um sinal de comando são signos, a lógica não tem uma preocupação positiva com quaisquer desses signos. Ela deve, no entanto, preocupar-se com eles negativamente, ao definir o tipo de signo com que lida. (MS 499, tradução nossa)[1]

Como se pode ver, Peirce estava interessado em fornecer definições gerais que pudessem, então, ser aplicadas ao estudo de sistemas de signos existentes. Ou seja, ele buscava explicitar como o signo em geral age para, então, explicitar como diferentes tipos de signos agem. Tudo isso em nível muito geral. De resto, semiose não significa outra coisa senão ação (*sis*) do signo (*semeion*).

Vejamos uma dentre as muitas variações de definições, mais ou menos formais, que Peirce elaborou sobre o modo de agir do signo, sua semiose:

> Um signo intenta representar, em parte (pelo menos), um objeto que é, portanto, em certo sentido, a causa ou determinante do signo, mesmo que o signo represente o objeto falsamente. Mas dizer que ele representa seu objeto implica

---

1 A sigla MS se refere aos manuscritos não publicados, de posse da Universidade de Harvard.

A teoria geral dos signos de Peirce

que ele afete uma mente, de tal modo que, de certa maneira, determina naquela mente algo que é mediatamente devido ao objeto. Essa determinação da qual a causa imediata ou determinante é o signo e da qual a causa mediada é o objeto pode ser chamada de interpretante. (CP 6.347, tradução nossa)[2]

Eis aí a terceiridade na sua forma mais simples: 1) signo, 2) objeto e 3) interpretante. O problema, contudo, é que não há linearidade nessa ação, e todas as modalizações e o vai e volta do signo com o objeto e com o interpretante dão prova disso. Se essa é a forma mais simples de terceiridade, nem é bom imaginar o que são as outras formas de terceiridade, mas isso é uma questão para a filosofia. O que importa aqui é notar que, já nesse nível, o do signo, seria puro engano pensar que o ser humano é capaz de significar e compreender as coisas de modo direto. O que aparece na definição é a descrição de um processo dinâmico, um movimento lógico, um modo de funcionar de qualquer coisa que se apresenta à nossa mente para ser interpretada. O signo é qualquer coisa que, além de sua materialidade física, de sua realidade existente (pois, para funcionar como signo, ele tem que existir), tem o poder de significar pelo simples fato de estar em

• • • • •

2 Os *Collected Papers* de Charles S. Peirce são citados como CP seguido do número do volume e do número do parágrafo.

lugar de outra coisa e, por isso, ser capaz de provocar um efeito de significação assim que encontrar uma mente interpretadora. Assim, na semiose, o signo age de modo a revelar a realidade para nós. Afinal, o que chamamos de *realidade* não entra diretamente em nossa cabeça, pois ela só pode chegar a nós mediada pelos signos. "A relação signo-objeto-interpretante visa descrever a forma desse processo de mediação. A realidade (o objeto) se torna manifesta através da mediação dos signos e esses signos são apreendidos pelo interpretante. O objeto é acessível apenas através da mediação dos signos", que, ao atingirem a nossa mente, produzem nela um efeito que é chamado de interpretante (Santaella, 2008a, p. 100). Portanto, qualquer outra coisa que qualquer coisa possa ser, ela também é um signo.

Quando levada em consideração, a generalidade da definição do signo nos permite perceber que os exemplos de signos são infindáveis, incluindo "pinturas, sintomas, palavras, sentenças, livros, bibliotecas, sinais, ordens de comando, microscópios, representantes legais, concertos musicais e suas interpretações" (MS 634, tradução nossa). E hoje incluem também câmeras, computadores, aparelhos, dispositivos e todos os tipos de signos que correm dentro deles e circulam pelo mundo. Os exemplos de signos são inumeráveis, especialmente do século XIX para cá, quando os signos passaram a crescer desmesuradamente,

A teoria geral dos signos de Peirce

a partir da multiplicação de mídias que se seguiram à invenção da fotografia.

Entretanto, não importa quão diversos os exemplos de signos podem ser; o que é preciso notar é que a noção peirciana genérica de signo não foi extraída de um estudo indutivo das suas existências empíricas. O método adotado por Peirce, ao contrário, nasceu da tentativa de desenvolver uma definição muito abstrata do modo como os signos agem em geral. Assim sendo, qualquer coisa que seja que exiba um tal modo de ação – uma molécula ou a lei da gravidade, ou os signos com os quais nos comunicamos cotidianamente, por exemplo – será *ipso facto* um signo. Quer dizer, a ação do signo é uma ação triádica que implica um objeto e um interpretante do signo. Onde houver uma tal ação, lá estará o signo.

Para diferenciar os tipos de objetivação do signo (relação com o objeto), seus potenciais de significação (seu caráter de signo) e seus tipos de interpretação (relação com o interpretante), Peirce estabeleceu suas classificações de signos. Neste ponto nos reencontramos com a fenomenologia.

7.4
As tríades de signos e quase-signos

Além dos signos de terceiridade ou genuínos, há também os quase-signos, isto é, signos de secundidade e de primeiridade.

Peirce levou a noção de signo tão longe ao ponto do seu interpretante, quer dizer, o efeito que o signo produz,ter de ser necessariamente uma palavra, uma frase ou um pensamento [organizado], mas poder ser uma ação, reação, um mero gesto, um olhar, [...] estado de desespero, enfim, qualquer reação que seja [secundidade], , ou até mesmo algum estado de indefinição do sentimento que sequer possa receber o nome de reação [primeiridade]). (Santaella, 1994, p. 158)

É por isso que qualquer coisa pode ser analisada semioticamente (Santaella, 2002). Mas como agem e como são chamados os signos de primeiridade e os de secundidade?

Foi, de fato, a fenomenologia que permitiu a Peirce considerar que, para funcionar como signo, algo não precisa ser inerentemente triádico. Há muitos casos de signos não inteiramente genuínos, ou seja, não inteiramente triádicos.

Uma relação diádica, de uma parte para um todo, por exemplo, pode funcionar como signo, tão logo encontre um intérprete que constate a relação. Um mero caco de cerâmica indica um objeto quebrado de que esse caco é parte, funcionando como signo. tão logo alguém encontre esse fragmento de um todo. Mesmo uma simples qualidade monádica, tão-somente uma cor amarela, pode funcionar como signo no momento em que for comparada com qualquer outra qualidade, podendo até

A teoria geral dos signos de Peirce

mesmo, de maneira ainda mais rudimentar, funcionar como signo no momento em que produzir uma mera qualidade de sentimento na mente de um intérprete

[...] Enfim,diferenciados graus de semiose que aparecem nas diferentes classes de signos [que Peirce extraiu de suas três categorias] funcionam como ferramentas analíticas para o exame dos mais variados graus e tipos de representação, que vão desde as representações mais próximas da tríade genuína até à presentificação incerta e vaga que se dá no ícone puro. Além disso, há de se considerar que a tríade genuína embute a secundidade e esta a primeiridade. (Santaella, 2001b, p. 192)

Isso porque as categorias são onipresentes, sendo tudo uma questão de dominância, e não de exclusão (Santaella, 2006). "Por conter dentro de si a secundidade e a primeiridade, compreende-se também porque a terceiridade representativa se diferencia da referência e da imaginação. Enquanto a referencialidade é dada pelo elemento de secundidade, a faculdade imaginativa é dada pelo elemento de primeiridade." (Santaella, 2001b, p. 193).

Para compreender essas considerações de modo mais analítico, aqui entram as três tríades mais conhecidas: 1) qualissigno icônico, remático, 2) sinsigno indicial, dicente e 3) legissigno simbólico, argumental. A tríades ficam claras quando se pensa que o primeiro membro de cada uma das tríades (quali, sin ou legissigno) refere-se ao caráter do signo em si mesmo: uma qualidade, um existente ou uma lei. O segundo membro refere-se à relação que o signo mantém com o objeto (ícone, índice e símbolo) e o terceiro membro reporta-se ao tipo de relação que o signo mantém com o interpretante, ou seja, o tipo de efeito que o signo está destinado a produzir tão logo encontre uma mente interpretadora.

Assim, se o signo em si é uma mera qualidade ou um compósito de qualidades, só poderá representar o objeto na medida em que houver uma relação de semelhança entre a qualidade que é o signo e alguma qualidade que apareça no objeto. Como qualidades só têm a capacidade de estabelecer relações de correspondência, o efeito que o signo produzirá na mente do intérprete é apenas uma hipótese, nunca uma certeza. Por exemplo, uma circunferência azul contra um fundo azul profundo quase negro parece a imagem do planeta Terra boiando no espaço. Parece, mas, de fato, não é. Contudo, parece porque se nota aí uma correspondência entre os aspectos qualitativos do signo e os do objeto com que o signo se parece.

Sinssigno significa signo de existência. Todo existente se insere em um contexto de tempo e espaço. Consequentemente, ele é parte desse contexto e traz consigo sinais desse contexto. Portanto, quando o caráter de existência é dominante e, nesse caso, o signo funciona como um índice ou um conjunto de índices

A teoria geral dos signos de Peirce

do contexto do qual faz parte. Por exemplo, fumaça quase sempre indica fogo. Porém, para termos certeza disso, ou seja, para que se produza um intepretante dicente, é preciso observar o contexto em busca de confirmações. Assim sendo, é nessa tríade que se pode semioticamente dizer se algo é verdadeiro ou falso, pois só nesse caso estamos lidando com fatos existentes cuja veracidade entre o signo e aquilo que ele indica pode ser verificada. Se levada mais longe, essa tríade nos fornece bons elementos para discutir a onda de pós-verdade e de *fake news* que, desde as eleições de Trump, em 2016, tornou-se lugar-comum em conversas e comentários.

Perguntas & respostas

Quais são e como se definem as categorias fenomenológicas de Peirce?

As categorias são universais, quer dizer, estão presentes em todos os fenômenos, reais, possíveis e imaginários. Elas são categorias da experiência e daquilo que faz a experiência ser possível ao ser humano. Ao longo do tempo, Peirce foi cada vez mais esvaziando as categorias de conteúdo para ficar apenas com sua identidade lógica. Assim, ele passou a chamá-las de primeiridade, secundidade e terceiridade. A primeira está presente em tudo aquilo que diz respeito ao possível, ao vago, ao indefinido e ao sentimento.

Estética & semiótica

A segunda é a categoria do existente e a terceira é a categoria da lei, do hábito, da continuidade temporal.

Quais são as principais tríades na classificação de signos de Peirce?

Charles Peirce chegou a formular outras tríades mais específicas, mas ficaram famosas as três tríades que correspondem respectivamente à primeira, à segunda e à terceira categoria fenomenológica. Assim temos: quali-signo, icônico, remático; sin-signo, indicial, discente e legi-signo, simbólico, argumental.

Como se define o signo peirciano?

O signo é uma realidade triádica que coloca em relação um signo que cumpre o papel de mediação entre um objeto que o signo representa e um interpretante que é o efeito que o signo produz na mente de um intérprete. Esse efeito se constitui em um outro signo, que é chamado de interpretante.

Quanto à terceira tríade, nela o signo em si tem a natureza da lei. Quando algo possui essa propriedade, recebe na semiótica o nome de *legissigno* e são chamados de *réplicas* todos os casos singulares, de que toda lei (que não passa de uma abstração) necessita para se atualizar. Por isso, réplicas são sinsignos de tipo especial. "Assim funcionam as palavras, assim funcionam todas as convenções socioculturais, assim também funcionam

A teoria geral dos signos de Peirce

as leis do direito" (Santaella, 2002, p. 13). No caso das palavras, por exemplo, elas são leis porque pertencem ao sistema da língua. Um programa computacional é lei porque se estrutura de acordo com as convenções lógicas e matemáticas desse tipo de linguagem. O mesmo ocorre com as notações musicais e todos os outros tipos de sistemas codificados a partir de convenções estabelecidas pelos humanos. O compartilhamento dessas convenções fará com que os signos sejam interpretados de acordo com as leis do sistema a que pertencem. Por isso, na relação com o objeto, o legi-signo funciona como um símbolo, quer dizer, um signo convencional que será necessariamente interpretado como tal (Santaella, 2002).

Para Peirce (CP 6.339, tradução nossa), "cada espécie de signo serve para trazer à mente objetos de espécies diferentes daqueles revelados por outras espécies de signos". Isso quer dizer que as funções cognitivas dos signos de primeiridade, chamados de *qualissignos icônicos remáticos*, são distintas daquelas do sinsigno indicial, dicente, e também distintas daquelas do legissigno simbólico, argumental. O modo como o ícone nos leva a conhecer é distinto do índice, e este, do símbolo. Cada um deles produz formas de conhecimento diferenciadas.

Um ícone é um signo possuidor do caráter que o torna significativo, ainda que seu objeto não existisse, tal como um risco de lápis representando uma linha geométrica. Um indicador é um signo que perderia, de imediato, o caráter que faz dele um signo, caso seu objeto fosse eliminado, mas que não perderia aquele caráter caso não houvesse um interpretante. Assim é, por exemplo, um pedaço de argila com um orifício de bala como signo de um tiro, pois, sem o tiro, não haveria o orifício. De qualquer modo, aí está um orifício, haja ou não alguém para atribuí-lo a um tiro. Um símbolo é um signo que perderia o caráter que o torna signo se não houvesse interpretante. Tal é qualquer modulação da fala que significa o que significa apenas por se entender que tem aquela significação. (CP 2.304, tradução nossa)

Fica claro que a ênfase do ícone se coloca no caráter com que se apresenta. No caso do índice, na relação com seu objeto e, no símbolo, na sua relação com o interpretante. Portanto, o ícone só pode nos levar a conhecer porque seu caráter ou qualidade apresenta alguma semelhança com a qualidade de algo, quer dizer, ocorre existir uma correspondência de qualidades entre o signo e algo que está fora dele.

O índice, por seu lado, apresenta uma conexão existencial com o objeto ao qual ele aponta. Por isso, força a atenção para um objeto que está fora dele e de que o signo é ou foi parte. Já a função cognitiva do símbolo se produz por meio de uma costumeira associação de ideias na mente do intérprete ou conexão

A teoria geral dos signos de Peirce

habitual entre o signo e o caráter significado (CP 1.369). Para levar um pouco mais longe as nuances dessa tríade, apenas no caso do símbolo existe uma relação genuinamente tripla entre o signo, seu objeto e seu interpretante, a saber, não há quebras nas relações dos três pares:

1. Signoobjeto
2. Signomente
3. Objetomente

Entretanto, quando se trata do índice, sua relação com o objeto independe de que haja uma associação na mente do intérprete. Isto porque sua relação direta, existencial, dual, com o objeto independe da mente. Para ter conhecimento do objeto, basta à mente constatar a relação entre signo e objeto. Ele nos dá a conhecer o objeto pelo simples fato de estar efetivamente conectado a ele. Assim são todos os signos naturais e sintomas físicos, por exemplo (CP 3.361). No caso do ícone, entre o signo e seu objeto, ocorre haver uma mera relação de semelhança. Por isso,

os ícones são tão completamente substituíveis para seus objetos até o ponto de serem dificilmente distinguíveis deles. [...] Assim, quando contemplamos uma pintura, há um momento em que perdemos a consciência de que não é a coisa, a distinção entre o real e a cópia desaparece, e ela é, por um momento, um puro sonho – não qualquer existência particular, e ainda não geral. Nesse momento, estamos contemplando um ícone. (CP 3.362, tradução nossa)

Disso podemos concluir que, para determinadas necessidades e realidades, há tipos de signos que são mais apropriados do que outros. Um diagrama, por exemplo, está mais apto a representar realidades estatísticas do que um discurso verbal. Os signos de primeiridade, por seu lado, estão frequentemente conjugados a efeitos estéticos porque são as qualidades que se responsabilizam por produzir efeitos sensórios capazes de regenerar nossa sensibilidade. Nesse ponto, é preciso lembrar que, na semiótica peirciana, essa tríade mais conhecida – ícone, índice e símbolo – é apenas uma dentre muitas outras em que relações mais finas comparecem. Para os propósitos deste capítulo, que visou apresentar apenas um panorama da semiótica peirciana, essas três tríades principais já são capazes de dar uma ideia do potencial que essa linha da semiótica apresenta para detectar qualidades estéticas nos signos e para a análise dos signos presentes nos processos comunicacionais.

Para finalizar, é preciso dizer que tanto as categorias fenomenológicas quanto as tríades sígnicas são onipresentes, de modo que as diferenças se estabelecem por dominância. É assim que a primeiridade e seus signos correspondentes, por exemplo, dominam

A teoria geral dos signos de Peirce

na música, enquanto a secundidade e o universo indexical que lhe corresponde dominam nas notícias jornalísticas, tanto quanto os legi-signos simbólicos dominaram neste texto que aqui apresentei ao leitor, o que não significa que nele não estejam também presentes índices, de que as referências bibliográficas, que fui indicando, são um bom exemplo.

Em suma, não obstante a relação triádica genuína que só o símbolo é capaz de apresentar, sem o índice, o símbolo perderia todo o seu poder de referência e, sem o ícone, perderia todo o seu poder de imaginação. Essa onipresença condiz com o fato de que toda manifestação sígnica, no pensamento ou nas linguagens comunicativas, seja lá de que tipo for, atualiza-se em uma mistura de tipos de signos. No mundo das linguagens, como já foi visto em capítulos anteriores, tudo é mistura. De resto, misturas que as teorias semióticas nos ajudam a esmiuçar para melhor compreendê-las.

Síntese

Peirce é o fundador e desenvolvedor da moderna semiótica. Infelizmente, isso se tornou conhecido apenas em meados do século XX. Ele teve sua formação nas ciências exatas, mas se interessou pelas mais diversas práticas científicas. Além de cientista, foi também filósofo. A semiótica é uma das disciplinas do seu sistema filosófico. Este capítulo discutiu os principais conceitos peircianos da semiótica e da fenomenologia que funciona como alicerce da semiótica. Portanto, estão aqui presentes a explicação das categorias, a discussão da noção de signo e de seu funcionamento e a explanação com exemplos das principais tríades do sistema peirciano.

Questões para revisão

1. Quais são os três ramos da semiótica peirciana?

2. Por que o qualissigno, icônico, remático funciona como um quasessigno?

3. Por que o ser humano não pode significar e compreender as coisas de modo direto?

    a) Porque as coisas se ocultam da apreensão humana.

    b) Porque há um hiato entre o pensamento e as coisas.

    c) Porque o acesso às coisas é mediado pela linguagem.

    d) Porque as coisas já são dadas no pensamento.

    e) Porque a realidade das coisas é fugidia.

4. Analise a assertivas a seguir sobre a semiótica de Peirce.

    I) Os graus da ação do signo correspondem aos tipos de signos.

    II) A semiótica peirciana foi extraída do interior da fenomenologia.

    III) O ser humano é capaz de significar e compreender as coisas de modo direto.

Agora, assinale a alternativa correta:

a) As assertivas I e II são verdadeiras.

b) As assertivas I e III são verdadeiras.

c) As assertivas II e III são verdadeiras.

d) Apenas a assertiva I é verdadeira.

e) Apenas a assertiva III é verdadeira.

5. A que território pertence O sinssignopertence ao território:

a) das qualidades.

b) das convenções.

c) do existente.

d) da lei.

e) da continuidade.

Capítulo

08

Semiótica da cultura: cultura e comunicação humana

Conteúdos do capítulo:

- Conceito de cultura na antropologia e na semiótica.
- Panorama das principais correntes da semiótica da cultura.
- A semiótica de Lotman.

Semiótica da cultura: cultura e comunicação humana

Existe muita dificuldade em se obter um consenso a respeito do que se entende por cultura. A palavra corre de boca em boca; porém,se for perguntado sobre o seu significado, as respostas dificilmente coincidirão. Diante disso, este capítulo começa com a discussão das mais aceitas definições de cultura para, a seguir, descrever seus campos de estudo, entre os quais se encontra a semiótica. Por fim, foi selecionada a obra de um dos semioticistas da cultura mais renomados, Yuri Lotman, para a apresentação dos conceitos fundamentais de sua teoria.

Poucos são os conceitos que podem competir com o conceito de *cultura* pela dificuldade que apresenta para ser definido.

em 1952, [...] os antropólogos A. L. Kroeber e Clyde Kluckhohn puseram em discussão nada menos do que 164 definições de cultura.

De todo esse recenseamento, os autores extraíram seis categorias:

a) descritiva, com ênfase nos caracteres gerais que definem a cultura;

b) histórica, com ênfase na tradição;

c) normativa, enfatizando as regras e valores;

4. psicológica, enfatizando, por exemplo, o aprendizado e o hábito;

5. estrutural, com ênfase nos padrões e

6. genética.

Esta última categoria é a mais diversificada, incluindo definições com ênfase na cultura como um produto ou artefato ou com ênfase nas ideias e nos símbolos, ou ainda definições a partir de categorias residuais (Barnard e Spencer, 1996: 140). (Santaella, 2004, p. 32)

Setenta anos transcorridos desde então, a dificuldade enfrentada pelos antropólogos só piorou, pois, naquela época, nada se sabia ainda sobre o turbilhão cultural que resultaria da cibercultura, essa que veio se instalando com complexidade crescente nesta era do pós-digital. Como resultado desse turbilhão, algumas definições, que eram até mesmo costumeiras, tornaram-se anacrônicas e obsoletas, como aquela bastante elitista que confunde cultura com refinamento para significar "a habilidade que alguém possui de manipular certos aspectos da nossa civilização que trazem prestígio" (Santaella, 2004, p. 31).

a cultura se refere aos costumes, às crenças, à língua, às ideias, aos gostos estéticos e ao conhecimento técnico, que dão subsídios à organização do ambiente total humano, quer dizer, a cultura material, os utensílios, o habitat e, mais geralmente, todo o conjunto tecnológico transmissível, regulando as relações e os comportamentos de um grupo social com o ambiente (Martinon, 1985: 873). (Santaella, 2004, p. 32)

Semiótica da cultura: cultura e comunicação humana

Outra definição mais sofisticada, mas ainda com alguns resquícios elitistas, é aquela que toma a cultura como sinônimo de civilização, dando a esta o significado de:

a) um estado geral ou um hábito da mente tendo relações próximas com a ideia de perfeição humana;

b) um estado geral de desenvolvimento intelectual numa sociedade como um todo;

c) o corpo geral das artes e do trabalho intelectual;

d) um modo geral de vida, material, intelectual e espiritual. Os três primeiros sentidos vieram se associar às chamadas concepções humanistas da cultura, enquanto o quarto é usualmente associado com concepções antropológicas. (Santaella, 2004, p. 33)

8.1
Antropologia cultural e semiótica: convergências

Concebida de maneira ampla, a cultura engloba todo o ambiente de feitura humana, o que implica o "reconhecimento de que a vida humana é vivida num contexto duplo, o *habitat* natural e seu ambiente social" (Santaella, 2004, p. 31). Nesse ponto, contudo, encontramos uma fonte de grandes debates entre antropólogos e outros estudiosos da cultura: a discussão sobre a fronteira, a cisão entre natureza e cultura, uma divisão que está sendo intensamente questionada, nesta era da nanobiotecnologia, com os clones e os androides já aparecendo no horizonte das expectativas humanas (Santaella, 2015).

De todo modo, a cultura se constitui em objeto privilegiado de estudos da antropologia, especialmente no ramo da antropologia cultural.

Os artefatos ou objetos feitos pelo humano, as motivações e as ações, a fala humana e todas as suas extensões midiáticas estão carregados de significados. O conhecimento de seus significados é condição *sine qua non* para a compreensão da cultura. Sob o ponto de vista da comunicação e da semiótica, todos os elementos culturais, sejam eles de que tipo forem, só têm significado porque funcionam como signos. Sob o ponto de vista dos signos e seus significados, as culturas costumam ser chamadas de sistemas de símbolos. Hoje, eles se multiplicam a perder de vista. Para entendê-los, nada mais apropriado do que a semiótica.

É por essa razão que, mesmo quando não utilizam o nome de semiótica, ao conceber a cultura como produção de símbolos e significados, a antropologia, na realidade, está praticando uma semiótica implícita. Isso quer dizer que ambas as áreas só têm a ganhar com suas trocas de conhecimento.

> Semiótica implícita é o que aconteceu, por exemplo, nos anos 1970-1980, quando, segundo Barnard e Spencer (1996, p. 141), os antropólogos ingleses promoviam conferências sobre semântica cultural, sem as inquietações ou as hostilidades contra o termo cultura que era costume demonstrar nos anos 1950.

A ênfase nos símbolos e nos significados como extensões dos estudos da cultura foi grandemente devida às discussões que vieram à tona a partir de estudos, nos anos 1960, sobre primatas não humanos, o que levou ao questionamento da noção previamente consensual entre os antropólogos evolucionistas de que a cultura é um fenômeno confinado ao reino humano (ver, por exemplo, McGrew, 1992). Outros evolucionistas conceberam o avanço significativo da espécie humana devido muito mais ao advento da cultura simbólica do que meramente dependente da cultura material (ver Knight, 1991).

A partir disso, nos anos 1970, a ênfase da antropologia no caráter simbólico da cultura veio convergir e se complementar nos estudos semióticos da cultura. Como afirma Nöth (2000, p. 513), se a cultura é um sistema 'simbólico de formas', conforme a definição de Cassirer, então a semiótica é uma ciência da cultura *par excellence*, pois ela é a ciência universal dos signos e dos símbolos. Por isso mesmo, pode-se afirmar que muitos dos temas da antropologia cultural são, por natureza, temas semióticos" (Santaella, 2004, p. 47).

8.2
Semiótica da cultura

A semiótica da cultura está longe de ser um campo homogêneo. Várias correntes desenvolveram-se com gêneses distintas e perfis que lhes são próprios. Sem pretensão de exaurir o tema, surgiu na Alemanha

> "a semiótica cultural evolucionária, desenvolvida pela Escola de Bochum sob a liderança de Walter Koch. Em contraponto à tradicional antropologia cultural, esta escola evita a oposição entre natureza e cultura, propondo níveis de transição entre ambas" (Santaella, 2004, p. 47). [...] essa corrente da semiótica opõe-se ao estruturalismo na medida em que este baseia suas oposições [binárias] nos critérios de arbitrariedade e convencionalidade dos símbolos.
>
> Há ainda a corrente da semiótica cultural antropológica que trabalha com uma perspectiva comparada, tal como aparece nas obras de Kelkar (1984), Singer (1991), junto com a etnos-semiótica, por exemplo, de MacCannell (1979), Voigt (1992) etc. (Santaella, 2004, p. 47)

O empenho para a ampliação da pesquisa linguística, teórico textual e literária no seio de seu contexto cultural mais amplo,

Semiótica da cultura: cultura e comunicação humana

mesmo quando faz uso desse nome, propõe uma semiótica cultural como pode ser encontrada na obra de Roland Barthes e, especialmente, de Umberto Eco. Além disso, há um grande número de trabalhos que criou uma tradição explicitamente intitulada *semiótica cultural* (ver Nöth, 2000). Para completar, "a corrente que ficou mais conhecida da semiótica da cultura e que criou uma orientação específica de estudos nesse campo é a da Escola de Moscou e Tartu. Estas não desenvolveram uma teoria unificada. Seus fundamentos teóricos são bastante pluralistas e os temas muito variados" (Santaella, 2004, p. 48), tão variados quanto foram os temas constantes no Congresso da Associação Internacional de Semiótica, realizado em Berkeley, em 1994, os quais percorriam um largo espectro de assuntos que iam da semiótica no ambiente das ciências cognitivas até o estudo das simetrias na cristalografia (ver Eco, 2017, p. 54). Do mesmo modo, na semiótica da cultura, os temas variam

> desde a semiótica do jogo de xadrez e de cartas, das regras das boas maneiras, passam pela comunicação, pela narrativa, mitologia e história, pela arte, literatura e metáfora até a tipologia da cultura. A par dessas duas Escolas, o Círculo Linguístico de Bakhtin [1895-1975] também desenvolveu estudos fundamentais para uma semiótica da cultura. O dialogismo bakhtiniano é, sobretudo, uma teoria da cultura. (Santaella, 2004, p. 48)

Não está nas finalidades deste capítulo apresentar todas as variadas correntes da semiótica da cultura. Preferimos escolher uma das figuras mais representativas dessa linha da semiótica, Y. Lotman (1922-1993), de cuja obra uma breve apresentação será feita a seguir.

Antes de chegarmos a isso, vale introduzir uma curiosidade, a saber, a maneira como os chamados *estudos culturais* (*cultural studies*) se puseram a competir pela disputa dos territórios da antropologia cultural e da semiótica da cultura.

8.3
Dos estudos culturais à crítica da cultura

> Foi na Inglaterra, segundo nos informa Franklin (1996: 135), que os estudos culturais foram introduzidos, sem muito alarde, desde os anos 60.
>
> Em 1963, sob forte influência do pensamento de R. Williams, estabeleceu-se o Centro para Estudos Culturais Contemporâneos em Birmingham, sob a direção de Richard Hoggart (1918-2014). Influenciados no início pela concepção marxista da cultura como ideologia, esse domínio teórico **foi** relativizado, nos anos 1980, pelo impacto do pós-estruturalismo **e** psicanálise. Nos anos 90, os estudos culturais foram incorporados ao sistema universitário britânico. (Santaella, 2004, p. 48, grifo do original)

Também nos Estados Unidos esse campo de investigação floresceu a partir de meados dos anos 1980, com uma penetração tão intensa a ponto de criar um verdadeiro *boom* no campo das humanidades. Os estudos culturais, a partir daí, também foram se estabelecendo em vários países da Europa, assim como na Austrália e no Canadá. Sempre sob o guarda-chuva de "*cultural studies*", foram e são desenvolvidos

> pesquisa e ensino teóricos, críticos e interdisciplinares amplamente organizados, voltados para sociedades industrializadas e desenvolvidas. Assim sendo, as investigações englobam um largo espectro de teorias culturais, da sociologia da cultura na sua preocupação com meios de massa, indústrias culturais, ou a cultura como uma dimensão do social, até as teorias culturais que derivam de intervenções baseadas na linguagem, tais como semiótica, pós-estruturalismo, desconstrução ou teoria pós-colonial. Toda essa tradição foi incorporada pelos estudos culturais, num caldeamento de teorias, métodos, tradições, temas e objetos que fazem dessa quase ou anti-disciplina o retrato vivo da pós-modernidade tal como esta se manifesta nos ambientes acadêmicos. (Santaella, 2004, p. 49)

Mais recentemente, sob o influxo dos estudos pós-colonialistas, os departamentos anteriormente chamados de *estudos culturais*, especialmente nos Estados Unidos, foram rebatizados de crítica cultural. Com isso, podemos seguir para a apresentação dos conceitos fundamentais da semiótica da cultura de Y. Lotman.

8.4
A semiótica da cultura de Lotman

Lotman notabilizou-se pelo desenvolvimento do conceito de semiosfera. Essa imagem espacial foi por ele escolhida para descrever o escopo de processos de signos culturais.

A dualidade entre semiosfera e não semiosfera, essa divisão entre um universo de signos e outro de não signos, rebate em uma série de outros conceitos duais na semiótica de Lotman. No universo dos signos, ele propôs uma oposição entre o caráter discreto dos signos no discurso verbal e a continuidade do espaço visual não verbal. A partir das funções cognitivas dos dois hemisférios cerebrais, ele chegou a afirmar que, dentro da consciência, existem duas consciências, uma verbal e outra não verbal. Os signos verbais são discretos, lineares, enquanto os textos visuais, ao contrário, consistem de espaço visual não discreto. Ambos são construídos em direções opostas.

A seguir, apresentamos um trecho do artigo "Iúri Lotman: a cultura e suas metáforas como semiosferas autorreferenciais", de Nöth (2007), a fim de esclarecer melhor essa questão dos dualismos.

Semiótica da cultura: cultura e comunicação humana

1.1. Modelização secundária e código dual

[...]

Lotman enfatiza a diferença essencial entre textos discretos e não discretos e postula a impossibilidade de sua mútua tradutibilidade, uma vez que "o equivalente ao discreto e à unidade semântica precisamente demarcada de um texto é, no outro, um tipo de borrão semântico sem fronteiras nítidas, com mistura gradual de outros sentidos " (*ibid.*).

[...] Embora os resultados de tais mediações entre esferas de decomposição e continuidade não sejam nunca "traduções exatas" mas sempre somente "equivalências aproximadas determinadas pelos contextos psicocultural e semiótico comuns a ambos os sistemas" (*ibid.*), a perda de precisão resultante não significa meramente uma perda no curso da tradução. Ao contrário, metáforas são a fonte de um pensamento criativo, visto que as "associações ilegítimas" que elas criam provocam novas "associações semânticas" (*ibid.*). [...]

1.2. Desmetaforização da metáfora da semiosfera?

Descrever a cultura como um espaço é, obviamente, descrevê-la em termos metafóricos. Por conseguinte, é mais do que surpreendente que Lótman, em seu primeiro artigo "Sobre a semiosfera" de 1984, explicitamente rejeite a interpretação metafórica do espaço semiótico da cultura. [...] Temos em mente uma esfera específica, processando signos, que são desígnio de um espaço fechado. Somente dentro de tal espaço é possível o processo comunicativo e a criação da informação nova (Lotman, 1984: 2) [...] Sua visão ultralocalista da semiosfera como uma esfera de lugares aparentemente mostra a a influência de Vernádski, que similarmente distinguiu [...] biosfera e noosfera [...]. O geoquímico russo, de acordo com Lótman (1984: 2), descreveu a noosfera como um estágio no desenvolvimento da biosfera conectado com a atividade racional humana que mesmo assim "representa um espaço material tridimensional que cobre parte de nosso planeta". Em 1984, o semioticista ainda cita o conceito materialista de noosfera como uma esfera de produtos de atividade racional entre a biosfera e a semiosfera com a distinção que semiosfera representa um tipo mais abstrato (1984: 2).

2. A METÁFORA DO ESPAÇO SEMIÓTICO IMERSO NUM UNIVERSO NÃO SEMIÓTICO

[...] Para o semioticista de Tártu, o modo espacial de pensar a cultura e representá-la é uma lei universal de toda autodescrição cultural: "a humanidade, imersa em seu espaço cultural, sempre cria em torno de si uma esfera espacial organizada; esta esfera inclui tanto ideias e modelos semióticos e atividade recreativa de pessoas", argumenta Lotman (1990: 203).

Semiótica da cultura: cultura e comunicação humana

2.1. Semiosfera em um universo não semiótico

[...] Enquanto a biosfera, de acordo com Vernádski e Lótman (1990: 125), é "a totalidade de e o todo orgânico da matéria viva e também a condição para a continuação da vida", a semiosfera é "o resultado e a condição para o desenvolvimento da cultura", [...] "o espaço necessário para a existência e funcionamento da linguagem [...] e o "mecanismo unificador (se não o organismo)" [...] fora do qual a semiose não pode existir (1984: 2).

Apesar da dimensão galáctica evocada pelo conceito de "semiosfera" Lótman (1990) não aprova a visão pansemiótica do universo no qual signos e semiose são ubíquos" e indiferenciados em relação à biosfera Em vez disso, ele oferece uma teoria dualista do Universo da mente constituída de uma esfera semiótica e [outra] não semiótica. A última não apenas compreende a biosfera dos humanos, animais e organismos biológicos, mas também uma esfera de fenômenos não semióticos do próprio conhecimento humano que Lótman chama de 'realidade não semiótica". Esta esfera [...] compreende objetos desprovidos de "semiotização", que não têm significado cultural e são "simplesmente eles próprios" (Lotman, 1990: 133). [...]

O semioticista de Tártu geralmente esboça uma distinção muito forte entre as esferas semiótica e não semiótica [da cultura] e tem uma preferência por contrastá-las por meio de termos com o prefixo negativo "não", por exemplo, quando afirma que a "cultura consiste da totalidade da informação não hereditária adquirida, preservada e transmitida pelos vários grupos da sociedade humana" (1967: 213); ou "a cultura funciona como um sistema de signos contra o cenário da não cultura" (Lotman & Uspenskij, 1971: 17). Pela sua definição, nãosomente animais são excluídos da participação no processo da semiosfera, mas também a vida humana no nível em que ela processa informação não hereditária. Estas distinções estabelecem um alto limiar semiótico entre a semiosfera e o universo não semiótico. A biosfera, por exemplo, não é somente caracterizada pela ausência de linguagem, mas também pela falta de comunicação: "fora da semiosfera, não pode haver nem comunicação nem linguagem", tal é um dos axiomas de Lotman (1990: 124).

2.2 Topografia dos lugares dos espaços semióticos

As características dos espaços metafóricos de Lótman devem ser lidas como uma exemplificação de sua teoria da oposição fundamental entre textos discretos (verbal) e não discretos (visual). O espaço, que é contínuo na cognição humana, transforma-se em espaço com lugares discretos na semiosfera cultural. Sabendo que a cognição do espaço real pressupõe continuidade perceptiva, o espaço semiótico culturalmente organizado é tão descontínuo quanto os signos verbais que eles representam. Posteriormente, o espaço que é geometricamente simétrico, mostrando, por exemplo, a simetria entre esquerdo e direito, ou acima e abaixo, torna-se assimétrico na semiosfera cultural cujos *loci* estão associados com oposições marcadas de valores culturais, tais como bem *vs.* mal ou vida *vs.* morte. Os espaços culturais são, assim, descontínuos e assimétricos. A descontinuidade de seus *loci* é particularmente aparente nas representações narrativas de espaços mitológicos. Lotman & Uspenskij, (1973: 237), concluem que no mito "o espaço não é concebido como um signo contínuo, mas como uma totalidade de objetos separados, portadores de nomes próprios". É como se o espaço fosse interrompido por intervalos entre objetos, carecendo, de nosso ponto de vista, de um traço básico como a continuidade.

A topografia binária da semiosfera explicita opostos derivados das categorias espacialmente simétricas, tais como figura e fundo, centro *vs.* periferia, direita *vs.* esquerda, dentro *vs.* fora, ou espaço interno *vs.* externo (Lotman, 1990: 140). Estas simetrias tornam-se assimetrias no espaço cultural quando elas servem para representar a oposição entre valores culturais positivos e negativos: o centro, dentro, direito ou representação de figura de valor positivo em contraste com a periferia, externo, esquerda, ou fundo que tem avaliação negativa.

A assimetria visual é, portanto, a representação metafórica típica de tais oposições entre o *loci* opostos na semiosfera: "a estrutura da semiosfera é assimétrica" (ibid.: 127). Assimetria caracteriza o relacionamento entre o centro da semiosfera com suas tendências conservadoras rumo à estabilidade e estagnação *vs.* sua periferia com suas tendências à instabilidade e à criatividade.

Contrastando com o espaço físico, que é homogêneo, a semiosfera se caracteriza pela heterogeneidade de seus *loci* (cf. ibid.: 125). A descontinuidade e a heterogeneidade da semiosfera [...] [se tornam mais aparentes] sempre que seus *loci* [...] [são] descritos por meio de opostos complementares. Tais opostos não admitem gradações, mas requerem decisões [do tipo] ou – (cf. Nöth, 1997); algo que esteja dentro ou fora, acima ou abaixo; não há uma transição gradual entre dois opostos.

Na conceituação cultural dos loci semióticos e espaços em oposição binária, os limites entre duas esferas em oposição revelam-se de relevância especial. Na semiótica cultural de Lótman, é o limite que separa a cultura da não cultura ou a cultura da alteridade. Ela separa o território entre a cultura própria, boa e harmoniosa e a má, caótica ou mesmo perigosa anticultura. É a fronteira entre um espaço interior e um espaço exterior. Desenhar fronteiras dessa espécie é uma lei universal da cultura; de acordo com Lotman (1990: 131): "toda cultura começa dividindo o mundo em seu espaço próprio, interno, e o seu espaço externo".

A fronteira não apenas separa, ela também funciona como filtro que determina o fluxo de mensagens do exterior para a

Semiótica da cultura: cultura e comunicação humana

semiosfera, um processo que requer tradução e semiotização dos sinais não semióticos que procedem de além da fronteira: "pertencendo simultaneamente ao espaço interno e externo, a fronteira semiótica é representada pela soma dos filtros tradutórios bilíngues, passando por eles o texto é traduzido em outra linguagem [...] fora da semiosfera dada (Lotman, 1984: 3)

3. UNIVERSO DE DUALISMOS, NÍVEIS E ESTRATIFICAÇÕES

O universo semiótico de Lótman é um dos níveis, extratos e hierarquias baseados na fundação de dualismos que se inicia com o axioma de que "a cultura funciona como um sistema de signos contra o pano-de-fundo da não cultura" (Lotman & Uspenskij, 1971: 17).

3.1 Dualismos e níveis

Nas raízes do universo de Lótman, existe um dualismo fundamental entre o semiótico e o não semiótico. A semiose humana, marcada por este dualismo, se inicia com a distinção de duas esferas:

> Qualquer ato de reconhecimento semiótico deve envolver a separação do significante e do insignificante na realidade circundante. Elementos que, do ponto de vista daquele sistema modelizante, não são portadores de sentido, comportam-se como se não existissem. O fato de que sua existência atual

retrocede ao plano de fundo diante de sua irrelevância num determinado sistema modelizante. Ainda que existam, ou deixem de existir no sistema da cultura. (Lotman, 1990: 58)

Lótman não apenas construiu sua distinção dualista entre o mundo semiótico e o mundo não semiótico, mas avançou na distinção entre níveis e metaníveis dentro da esfera da semiose, novamente em princípios binários. Em um tal feixe binário de conceitos – os *loci* semióticos e espaços em oposição –, os limites entre duas esferas em oposição revelam-se fundamentais.

A semiosfera é um espaço semiótico mais uma vez dividido em doi, visto que ele compreende dignos que derivam de dois tipos de sistemas, os sistemas modelizantes primários e os modelizantes secundários. Um sistema modelizante, de acordo com Lótman (1967b: 7) é um código ou [uma] linguagem com signos representando "toda a esfera de um objeto de conhecimento, descoberta ou regulação".

Uma linguagem natural é um sistema modelizante primário no sentido em que ela é um meio de representação do mundo. Os sistemas modelizantes secundários, por contraste, "são dotados de uma linguagem natural como sua base e adquirem superestruturas suplementares, criando assim linguagens de um segundo nível" (ibid.). Esses últimos são criados em textos mitológicos, religiosos, legais, ideológicos e literários.

[...]

3.2. Em busca do nível da codificação primária

A pesquisa de Lótman sobre semiosfera está quase exclusivamente preocupada com textos e códigos gerados por sistemas modelizantes secundários. Sua definição de semiosfera como a esfera de sistemas modelizantes secundários ocasionalmente parece excluir a linguagem (cotidiana) como um sistema modelizante primário, e a semiosfera como o domínio dos sistemas modelizantes secundária. Todavia, a consideração da linguagem como sistema modelizante primário não é nunca muito explícita. Em que sentido são os modelos verbais do mundo primários? Os poucos contextos a partir dos quais uma resposta pode ser derivada sugere que os signos de um sistema modelizante primário são menos complexos (Lotman, 1974: 95), mais diretos em sua representação da "esfera de um objeto do conhecimento " (1967c: 7) e acima de tudo sem "as superestruturas suplementares".

A codificação primária, de acordo com Lótman (1990: 8), não se restringe à linguagem verbal. Muito da realidade da vida humana evidencia uma codificação primária que se inicia com o ato perceptivo de filtrar elementos cognitivamente significantes dos elementos insignificantes (veja 3.1.), um processo que acontece em cada nível de codificação (veja 3.3.), mas separa o mundo semiótico do mundo não semiótico no nível mais baixo da semiose.

[...]

Definido como um sistema modelizante secundário, muito do que é excluído da semiosfera tem sido descoberto como parte dela. A visão dicotômica da cultura e natureza como duas esferas opostas parece carregar o peso da herança do estruturalismo semiótico, que procura explicar a semiose em termos de oposições mesmo onde gradações e transições entre os opostos prevalecem [...].

[...]

A distinção entre modelização primária e secundária também coloca a questão da prioridade evolucionária, mas Lótman (1974: 95) não apresenta uma perspectiva evolucionária a esse respeito e admite que

> ...não há fundamentos suficientes para concluir que o esquema primeiro do sistema modelizante primário e depois secundário corresponde ao processo histórico de estruturas semióticas complexas e pode ter significado cronológico atribuído a eles O primado do sistema modelizante primário parece ser lógico, e não uma primazia evolucionária.

3.3. Estratificações relacionais

Entretanto, apesar do dualismo fundamental inerente à distinção entre modelização primária e secundária, o sistema criado por Lótman é mais diferenciado do que seus dualismos podem

Semiótica da cultura: cultura e comunicação humana

sugerir, visto que a oposição entre primário e secundário não é nunca categorial, mas sempre relacional. O que é primário num nível elevado pode ser secundário da perspectiva de um nível mais baixo e duplamente secundário de um ponto de vista de um nível mais baixo ainda. Nesta hierarquia de níveis, os níveis secundários são sempre concebidos como espaços semióticos com mais dimensões em relação ao espaço de seus níveis mais baixos. Lótman ilustra esse aumento de níveis semióticos e espaços com o exemplo de relacionamentos intermediários entre textos:

> Esta palavra secundária é sempre, quando estamos falando de textos literários, um tropo: em relação ao discurso ordinário não literário, o texto literário como que se transfere para espaços semióticos com um grande número de dimensões. Para apreender o sentido do que estamos falando vamos considerar uma transformação do seguinte tipo: roteiro (ou narrativa verbal literária), filme ou *libretto* de ópera. Com esse tipo de transformação, um texto com uma certa quantidade de coordenadas de espaço semântico torna-se um texto com uma dimensionalidade grandemente acrescida no seu espaço semiótico. (Lotman, 1990: 47)

Tal hierarquia de semiosferas estratificadas começa acima do nível que ainda encontra-se sem modelização semiótica, quer dizer, no nível do não semiótico "mundo das coisas". A transição para a primeira semiosfera conduz ao "sistema de signos e às linguagens sociais" (*ibid.*): altas semiosferas são aquela do mito, [da] arte e [da] religião. Em cada um dos níveis mais elevados, existe uma unificação dos sistemas de signos dos níveis mais baixos, por exemplo, "a unificação de palavra e melodia, canto, pintura mural, luz natural e artificial, o aroma de incenso; a unificação na arquitetura do edifício e do cenário, e assim por diante" (*ibid.*: 48). Os níveis mais elevados são unificações, mas nunca traduções dos níveis mais baixos, uma vez que "nenhum estágio da hierarquia pode ser expresso por meio dos estágios precedentes, que são meramente uma imagem (isto é uma representação incompleta) dele. O princípio da organização retórica assenta-se na base da cultura como tal transformando cada estágio num mistério semiótico para aqueles que estão abaixo dele" (*ibid.*: 48).

Fonte: Nöth, 2007, p. 82-91.

É válido ressaltar que, para Lotman, a semiosfera constitui o contexto cultural da comunicação. Isso se evidencia quando o autor a define como um espaço "semioticamente assimétrico", um gerador de informação no qual a comunicação se manifesta como a tradução entre linguagens heterogêneas "sem correspondências semânticas mútuas" (Lotman, 1990, p. 127, tradução nossa). O destinador e o destinatário da comunicação se encontram

Semiótica da cultura: cultura e comunicação humana

"imersos" nesse espaço semiótico e "fora da semiosfera, não há comunicação " (Lotman, 1990, p. 124, tradução nossa). Todavia, nesse espaço contextual surge o paradoxo de que "todos os participantes do ato comunicativo precisam ter experiência comunicativa, terem familiaridade com a semiose, de maneira que a experiência comunicativa precede o ato comunicativo " (Lotman, 1990, p. 123, tradução nossa).

> Assim, a semiosfera existe tanto antes da comunicação quanto ela se cria e é transformada por ela. Essas pré-condições da comunicação impedem os comunicadores de serem instâncias inteiramente autônomas, pois não são só eles que comunicam, mas também a semiosfera, e, através dela, a memória cultural. (Santaella; Nöth, 2004, p. 143)

Com isso, o quadro de conceitos fundamentais da semiótica da cultura elaborada por Lotman parece ter sido completado, cumprindo-se, assim, o objetivo pretendido por este capítulo. O que se pode encontrar como saldo das apresentações das principais escolas de semiótica que foram discutidas neste livro é que, embora por caminhos distintos, todas elas almejam o mesmo fim que, no dizer de Eco (2017, p. 50, tradução nossa), assim se coloca: explicar, afinal, o que significa, para os seres humanos, o fato de serem animais que falam, capazes de "expressar significados para transmitir ideias ou mencionar estados do mundo?" Quais são os meios que lhes permitem desempenhar essas tarefas? Seriam apenas as palavras? E se não é assim, o que há de comum entre as atividades verbais e as muitas outras e cada vez mais numerosas) práticas comunicacionais que carregam significados para o ser humano?

Perguntas & respostas

Por que a antropologia pratica uma semiótica implícita?

Porque, especialmente no seu ramo de antropologia cultural, concebe a cultura como produção de símbolos e significados. Os artefatos ou objetos feitos pelo humano, as motivações e ações, a fala humana e todas as suas extensões estão carregados de significados. O conhecimento de seus significados é condição sine qua non para a compreensão da cultura.

Há correntes da semiótica da cultura que se opõem à divisão entre natureza e cultura?

Sim, a semiótica da cultura de linha alemã evita a oposição entre natureza e cultura, propondo níveis de transição entre ambas. Fica implícita nessa oposição uma divergência em relação às oposições binárias da semiótica estruturalista.

A noção de semiosfera de Lotman é metafórica ou literal?
Embora a obra de Lotman esteja recheada de metáforas, a semiosfera foi concebida como uma esfera específica, processando signos dentro de um espaço fechado que torna possível o processo comunicativo e a criação da informação nova.

Síntese

Este capítulo foi dedicado à explanação sobre o conceito de cultura em geral, seguido das similaridades e diferenças entre o conceito de cultura na antropologia e na semiótica. A seguir, foi apresentado um panorama das principais correntes da semiótica da cultura e, por fim, foi apresentada uma discussão dos principais conceitos da semiótica de Yuri Lotman que é considerado por muitos como um dos maiores representantes dessa linha da semiótica. Atenção especial foi dada ao conceito de *semiosfera*, um conceito que deu fama a Lotman

Questões para revisão

1. Entre outras dicotomias de Lotman, qual é aquela que é mais geral no que diz respeito ao universo dos signos?

2. Como Lotman define a semiosfera?

3. Qual é a diferença entre a noosfera e a semiosfera?

   a) Ambas são idênticas.

   b) A noosfera é parte da biosfera.

   c) A noosfera é mais abstrata e a biosfera, mais concreta.

   d) Ambas se compõem como espaços abstratos.

   e) Ambas se compõem como espaços concretos de signos.

4. Analise as afirmações a seguir sobre a semiótica de Lotman:

   I) Para Lotman, toda cultura divide o mundo em um espaço interno e um externo.

   II) Para Lotman, no campo cultural, não existem distinções entre as esferas semiótica e não semiótica.

   III) Para Lotman, a comunicação é independente da semiosfera.

   Agora, assinale a alternativa correta:

   a) As afirmativas I e II estão corretas.

   b) As afirmativas II e III estão corretas.

   c) As afirmativas I e III estão corretas.

   d) Apenas a afirmativa I está correta.

   e) Apenas a afirmativa III está correta.

Semiótica da cultura: cultura e comunicação humana

5. Para Lotman, o sistema modelizante primário é:

   a) o sistema visual.

   b) o mundo interior.

   c) o cérebro.

   d) a língua.

   e) a semiosfera.

Capítulo

09

Semiótica visual: imagem e semi-simbolismo

Conteúdos do capítulo:

- O caráter da imagem.
- Semiótica barthesiana.
- Semiótica peirciana.
- Semiótica greimasiana.

Semiótica visual: imagem e semi-simbolismo

A semiótica do visual apresenta um número muito grande de propostas que se distribuem pelas mais diversas áreas em que a visualidade se manifesta. São várias as tendências analíticas escolhidas pelos semioticistas. Na impossibilidade de passar todas elas em revista, neste capítulo o leitor encontrará a seleção de três escolas da semiótica do visual, mais especificamente da imagem. São escolas que podem ser consideradas representativas na medida em que se tornaram as mais influentes: a barthesiana, a peirciana e a semiótica semi-simbólica da semiótica derivada de Greimas.

A semiótica do visual é um campo ao qual aderiram muitos semioticistas. Disso resultou uma enorme produção que tem como característica principal a sua diversidade. Para começar, quando se diz semiótica do visual, ela se distribui entre as várias áreas da **visualidade**: a arte não só a da pintura, mas também a fotografia, o espaço e a arquitetura. Isso só para nos limitarmos à visualidade que se expressa em imagens fixas e em espaços considerados em suas diferentes formas de representação ou produções sígnicas. É tal a relevância dessa diversidade que foram fundadas, ao longo dos anos, associações de semiótica visual, de semiótica do espaço e de semiótica da arquitetura, todas elas bastante ativas na organização de encontros e produção de teorias em obras cuja quantidade é hoje extensa e incontável.

Alguns reduzem o entendimento da semiótica visual, também chamada de *semiótica planar* ou *semi-simbólica*, apenas à corrente semiótica derivada de Greimas e, mais especialmente, dos planos de expressão e de conteúdo de Louis Hjelmslev (1899-1965). Sem minimizar a relevância dessa tendência, esse reducionismo seria injusto frente à vastidão da área. O que se tem aí, certamente, é uma vastidão que não poderia ser abraçada em apenas um capítulo. Em função disso, estarei me limitando a apresentar a seguir uma visão geral do desenvolvimento da semiótica da imagem, para, então, apresentar os conceitos principais de três correntes da semiótica visual ou da imagem que estão sendo mais empregadas nos cursos universitários no Brasil, a saber: o estudo da imagem de extração barthesiana, aqueles extraídos da teoria dos signos de Charles Sanders Peirce (1839-1914); e os elementos da semiótica planar ou semi-simbólica.

9.1
Nota introdutória

As imagens devem estar entre as mais antigas formas de expressão da cultura humana. Elas já apareciam nas inscrições nas grutas. Em oposição aos artefatos, que são signos utilitários, quer dizer, servem como meios para a realização de finalidades práticas, as imagens, embora também sejam um tipo muito especial de artefato, desempenham funções prioritariamente sígnicas com suas consequências interpretativas. Assim são os desenhos, as pinturas, as gravuras, os gráficos, as esculturas e as fotografias. Para complicar ainda mais as coisas, depois do cinema, da publicidade, da TV, do vídeo e da computação gráfica, a imagem ganhou novas formas de expressão. Entretanto, como já foi discutido no Capítulo 3, nesses casos a imagem não vem só, mas acompanhada por outras linguagens, em composições híbridas. Por isso, só serão tratados aqui os casos relativos à semiótica das imagens fixas.

É preciso notar que, no caso da imagem, antes do desenvolvimento de uma semiótica específica da imagem já existia uma semiótica implícita nas teorias da arte, na filosofia da arte ou em outras áreas, como a psicologia cognitiva, voltadas para a percepção e a interpretação imagéticas. Isso não deve soar estranho, pois essas teorias e reflexões, via de regra, continuam voltadas para a compreensão da especificidade da linguagem imagética na arte ou fora dela. Quando a especificidade de uma linguagem é pensada, mesmo sem usar o nome da semiótica, esse pensamento chega muito perto do desenvolvimento de conceitos semióticos.

Fique atento!

Desde os gregos até hoje, um dos debates mais frequentes entre os estudiosos de imagens no seu sentido de representações visuais é aquele que se debruça sobre a discórdia entre ser a imagem visual uma representação apenas natural ou ser ela resultado de uma convencionalidade no seu modo de representação. O naturalismo defende que as imagens são imitativas, isto é, elas se assemelham aos seus objetos de referência, enquanto os convencionalistas argumentam que, mesmo sendo imitativas, essa imitação é fruto de convenções de representação. Ao fim e ao cabo, os estudos semióticos modernos nos levam a perceber que as imagens, na sua grande maioria, não se localizam em nenhum desses dois extremos, mas estão sempre na posição intermediária entre eles.

A superfície da imagem poderia ser estruturada em unidades de significação maiores e menores (Santaella; Nöth, 1988). Enfim, naturalidade *versus* convencionalidade, iconicidade *versus* arbitrariedade, determinação cognitiva *versus* determinação cultural da percepção e interpretação imagética se constituem nos grandes temas de reflexão (Santaella; Nöth, 1988).

Os primeiros estudos de uma semiótica explícita da imagem, sob o influxo da semiologia estruturalista dos anos 1960,

Semiótica visual: imagem e semi-simbolismo

aplicaram à imagem modelos de análise baseados em conceitos extraídos da linguística, tais como significante e significado, paradigma e sintagma etc. São postulações e leituras muito subjugadas aos princípios de funcionamento da linguagem verbal. Marin (1971, p. 23-24), por exemplo, postulou a "inseparabilidade entre o visual e o designado" como a origem do significado de uma pintura, identificando, entre outros, o "mundo dos significados" com o "mundo da linguagem", pois, segundo ele, somente o discurso verbal, interpretativo permite a estruturação da imagem.

O modelo estruturalista de Claude Lévi-Strauss (1908-2009) da lógica do mito também foi aproveitado nas análises da pintura moderna de Jack Burnham (1971). A semiótica funcional da Escola de Praga, notoriamente voltada para os estudos linguísticos, também serviu para Veltruský (1976) esboçar uma semiótica da pintura. Do mesmo modo, a sociossemiótica funcional de Michael A. K. Halliday (1925-2018) foi tomada como modelo para as análises da imagem de Kress e van Leuwen (1990).

Temas isolados da semiótica da imagem são, por exemplo, a semiótica das cores (Thürlemann, 1984) e a semiótica do design (Nadin, 1990). Teve uma boa repercussão o modelo retórico da imagem do Grupo µ, de Liège, que desenvolveu, no seu *Tratado do signo visual* (Edeline; Klinkenberg; Minguet, 1992), a ideia de que as particularidades de uma pintura, como os tropos e as figuras retóricas, podem ser descritas como desvios do horizonte

Estética & semiótica

de expectativa cultural a partir de um "grau zero" geral ou local na pintura. Também ficou relativamente conhecida a gramática semiótica da imagem de F. Saint-Martin (1987).

A partir dessa apresentação geral, iremos, a seguir, nos deter nas três escolas que selecionei como as principais tendências da semiótica da imagem.

9.2
A semiótica visual em Roland Barthes

O início da semiótica explícita da imagem, de Roland Barthes (1915-1980), encontra-se em seus trabalhos de semiologia estruturalista. Muito discutido e de grande repercussão foi seu texto sobre a "Retórica da imagem" (1964), análise de um anúncio para a qual se baseou, com liberdade, em conceitos da linguística saussuriana e, principalmente, nos conceitos de conotação e denotação de Hjelmslev. A análise explicitou os três tipos de mensagens destacadas pelo autor: a verbal, a conotada-simbólica e a denotada-imagem. Os recursos retóricos da imagem foram estudados sob o ponto de vista de pose, trucagem, fotogenia, esteticismo e sintaxe. As relações entre texto e imagem evidenciam a função de reforço da imagem pelo verbal. Os recursos conotativos carregam a literalidade da imagem denotada, tomates, massa etc. com valores simbólicos daquilo que é verdadeiramente italiano.

Depois de abandonar qualquer compromisso com a semiologia do verbo ou da imagem, Barthes retornou ao universo da imagem em *A câmara clara* (1980), na qual desenvolveu, mesmo sem mencionar o nome, uma semiótica de punho próprio com ênfase na relação indelével que a foto mantém com o objeto fotografado. De acordo com Barthes (citado por Santaella; Nöth, 1988, p. 128), "a foto, ao contrário da pintura, remete não somente a um objeto possivelmente real, mas a um objeto necessariamente real, e não se pode negar que o objeto exista". Inegavelmente, diante de uma foto, somos compelidos a dizer que o objeto, de fato, lá esteve; caso contrário, não poderia haver a tomada da foto. Por isso, toda fotografia é uma emanação do referente, uma testemunha de que aquilo que está lá assim aconteceu.

O fator documental da fotografia é, de certa forma, confirmado na noção barthesiana do elemento que ele chama de *studium*, ao contrário do *punctum*, este sim, o elemento chave da inventividade barthesiana na sua "semiótica" da fotografia. Muito indescritível, o *punctum* é aquilo que fisga e fere o observador em fotos que trazem a marca, para dentro da foto, da ponta aguda do real, justamente aquilo que o real não deixa ver e que a foto atravessa.

Devido a sua concepção da fotografia como signo que mantém uma conexão direta, espacial e temporal com o objeto fotografado, Barthes costuma ser considerado um dos grandes defensores do caráter documental da fotografia. No entanto, sua noção de *punctum* introduz uma tensão dialética nesse caráter documental, pois, para ele, em algumas fotos, há algo que penetra no coração intraduzível e inanalisável da realidade.

Não é difícil aproximar a noção de *studium* da noção peirciana de índice, ou seja, signo que mantém uma relação existencial com o objeto a que se refere. Por outro lado, a noção de *"punctum"* pode ser aproximada do conceito peirciano da primeiridade, isto é, do quali-signo em seu poder de despertar qualidades de sentimento.

9.3
Os três aspectos sígnicos da imagem na semiótica de Peirce

Muitos identificam a imagem com o signo icônico, inclusive com fartura de exemplos. Embora, de fato, haja – em todas as imagens – aspectos marcadamente icônicos, reduzir a imagem apenas ao ícone, além de limitado, é equivocado. Lembremos que as três categorias e as classificações sígnicas que delas resultam são onipresentes. Portanto, além de traços icônicos, também existem traços indexicais e traços simbólicos em todas as imagens. Evidentemente, *simbólico*, em Peirce, não deve ser entendido do mesmo modo corrente com que o símbolo costuma ser

Semiótica visual: imagem e semi-simbolismo

interpretado, ou seja, como um signo ao qual conotações para além de seu significado literal são adicionadas.

Embora essa compreensão também caiba na noção peirciana, para ele o símbolo é um signo de lei que representa seu objeto por meio de uma convenção culturalmente construída. Portanto, todos os signos convencionais são simbólicos, uma noção mais ampla do que a redução do símbolo apenas às adições conotativas do signo, como é o caso quando se diz, por exemplo, que o branco é símbolo da paz.

Entretanto, antes de retornar aos elementos extraicônicos da imagem, é preciso explicitar como agem os aspectos icônicos nela presentes. Só para recordar o que já foi detalhado no Capítulo 7, o ícone é um signo que, em si mesmo, se apresenta na proeminência de seus traços qualitativos, ou seja, traços que falam aos nossos sentidos, no caso da visualidade, as cores, linhas, formas, volumes, dimensões, gradações, luminosidade, equilíbrio e seu contrário, textura etc. Quando esses traços aparecem de maneira dominante, ou quando nossa percepção está aberta para eles de modo incomum, o qualissigno adquire tal relevo perceptivo até o ponto da função icônica, ou seja, até a função de representar algo por semelhança ficar enfraquecida. Nesse caso, estaríamos contemplando um ícone em seu estado quase puro, quer dizer, livre de qualquer comparação ou extrapolação.

Mas Peirce dividiu os ícones, que cumprem função representativa por laços de similitude com seus objetos, em três tipos de acordo com as categorias: 1) imagem, 2) diagrama e 3) metáfora. Isso quer dizer que, no primeiro caso, a semelhança da imagem com seu objeto se dá apenas devido a seus aspectos aparentes. A **imagem** estabelece uma relação de semelhança tão só e apenas em função de sua aparência. Imagens de um gato, de um bosque, de uma paisagem, não importa em que forma for –sejam elas imagens desenhadas, pintadas, fotografadas, filmadas – são icônicas porque apresentam correspondências de similaridade com o modo como esses objetos são visualmente percebidos.

> Para Peirce, o símbolo é um signo de lei que representa seu objeto por meio de uma convenção culturalmente construída.

"O diagrama representa seu objeto por similaridade entre as relações internas que o signo exibe e as relações internas do objeto que o signo visa representar" (Santaella, 2002, p. 18, grifo nosso). O mapa do metrô de Londres costuma ser dado como um caso exemplar de *design* bem realizado.

Figura 9.1 – Mapa do metrô de Londres

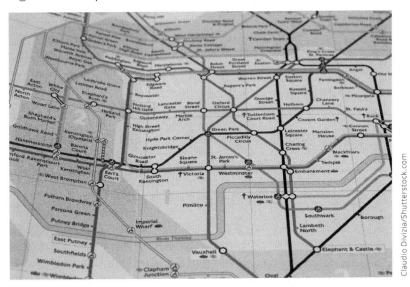

Em termos semióticos, isso se explica porque os traços do desenho conseguem recriar *pari passu* as relações internas das linhas do metrô em similaridade com as relações entre os espaços físicos da cidade. O que se tem aí é um signo diagramático, porque "a similaridade com seu objeto não se dá no nível das aparências, mas no nível das relações internas" (Santaella, 2002, p. 18). Os gráficos que acompanham projetos de pesquisa, demonstrando taxas comparativas entre dados, são diagramas, pois exibem "uma correspondência do desenho com as relações internas do objeto representado" (Santaella, 2002, p. 18).

A metáfora representa "seu objeto por similaridade no significado do representante e do representado" (Santaella, 2002, p. 18).

Assim, ao se "aproximar o significado de duas coisas distintas, a metáfora produz uma faísca de sentido que nasce de uma identidade que é colocada à mostra. É justamente esse efeito que uma frase do tipo 'Ela tem olhos de azeitona' produz." (Santaella, 2002, p. 18).

Os três tipos de hipoícones deixam claro que, embora em todos os três estejam operando relações de semelhança, no caso da imagem a semelhança é puramente qualitativa; no segundo caso, o do diagrama, já entra na semelhança um elemento de secundidade, ou seja, a dominância do relacional; por fim, no caso da metáfora, a semelhança opera sobre o caráter representativo dos signos envolvidos e, portanto, a semelhança se mistura com um elemento de terceiridade.

Podemos, neste ponto, retomar a questão da onipresença dos elementos indexicais e também simbólicos em todas as imagens, por mais que a iconicidade nelas domine. O elemento indicial se faz presente porque toda imagem que se apresenta a nós assim o faz porque possui uma existência material, física. Ou seja, para funcionar como signo, a imagem toma corpo em algum tipo de suporte. Portanto, toda imagem existe no tempo e no espaço, o que é um traço de secundidade. *Existir* significa ter existência em um contexto determinado, histórico, cultural e social. Nessa medida, a imagem como sin-signo, no seu caráter de existente, em si mesma traz um feixe de sinais que apontam indexicalmente para o seu contexto. Analisar uma imagem no

Semiótica visual: imagem e semi-simbolismo

seu aspecto indexical implica atentar para os índices que ela apresenta do contexto em que foi extraída e, então, partir para o exame desse contexto até o ponto em que os propósitos da análise ficam satisfeitos –isso porque as fronteiras daquilo que chamamos de contexto nunca são demarcadas enquanto um princípio e um fim. Desse modo, são as finalidades que a análise busca que ditam até onde o exame do contexto deve ir.

Assim também, para se corporificar em algum suporte ou meio, a imagem tem de recorrer tanto a convenções de representação quanto a convenções de época. São traços de estilo que obedecem a critérios e valores que são culturalmente estabelecidos. É possível perceber aqui o quanto a indexicalidade e a simbolicidade de uma imagem estão entrelaçadas, pois não há como encontrar as convenções empregadas em uma imagem sem uma leitura do contexto em que ela foi produzida.

Além disso, devemos considerar os casos em que a imagem se apresenta sob a dominância da indexicalidade em si. Um bom exemplo para evidenciar esse caráter é o de uma fotografia. Em termos peircianos, quando se fala de fotografias, é a função indexical da imagem que domina. O que dá fundamento ao índice é sua existência concreta. A foto e aquilo que ela capturou, ambos existem no espaço e no tempo. Aliás, para ser capturado, o objeto fotografado e a câmera que o captura estão, no ato da tomada, ambos em uma conexão existencial, física. Por isso, como diria Barthes, não se pode negar que o objeto, de fato, lá esteve. Negar isso seria a mesma coisa que negar que, à frente do espelho, nossa imagem não aparece, o que seria uma experiência para filmes de terror. Ora, imagens fotográficas são imagens especulares. Aliás, o caráter indexical da fotografia é bastante enfatizado por Peirce.

> As fotografias, especialmente as do tipo instantâneo, são muito instrutivas, pois sabemos que, sob certos aspectos, são exatamente como os objetos que representam. Essa semelhança, porém, deve-se ao fato de terem sido produzidas em circunstâncias tais que foram fisicamente forçadas a corresponder ponto a ponto à natureza. Sob esse aspecto, então, pertencem à segunda classe de signos, aqueles que o são por conexão física. (CP 2.281, tradução nossa)

É claro que existe uma semelhança de aparência entre a figura que surge na foto e o objeto que foi capturado por ela. E esse aspecto é certamente icônico. Contudo, uma vez que essa similaridade depende de uma conexão existencial entre o objeto e seu flagrante, é essa conexão que faz a foto funcionar como signo. Ela nos dá a conhecer algo que realmente existe ou existiu e que, de resto, se constitui na potência da fotografia. Desse modo, a iconicidade, embora presente, é um traço apenas interno dessa relação. O mais curioso, no caso da fotografia, é a maneira como, por mais fiel que ela possa ser em relação àquilo que está nela capturado, por mais similaridade interna que possa haver, a foto flagra o fato de que o signo é sempre existencialmente distinto do seu objeto, mesmo nos casos em que a similitude busca dominar.

Figura 9.2 – Índice e iconicidade na fotografia: um exemplo

A neve é uma boa testemunha do *gap* entre o real e sua foto. A indescritível leveza da textura delicada que repousa nos galhos e a quietude que o cair da neve transmite é justamente a qualidade em si que, em uníssono, rebate em uma qualidade de sentimento indefinível. Em outras palavras, trata-se de uma conjunção privilegiada que, nesse caso, a foto só captura de modo enfraquecido.

Perguntas & respostas

Quais são as principais correntes da semiótica das quais uma semiótica do visual é extraída?

Há três teorias semióticas que são as mais reconhecidas no campo da semiótica do visual. São elas: o estudo da imagem de extração barthesiana, os estudos extraídos da teoria dos signos de Peirce e, por fim, os conceitos que compõem a semiótica planar ou semi-simbólica, de extração greimasiana.

Quais são os grandes temas da reflexão sobre a imagem que têm atravessado os séculos?

São eles: naturalidade *versus* convencionalidade, iconicidade *versus* arbitrariedade, determinação cognitiva *versus* determinação cultural da percepção e, por fim, todas as questões envolvidas na interpretação imagética.

Outro aspecto em que a imagem não funciona estritamente por seu valor de semelhança se dá nas imagens simbólicas. A história da arte está repleta de imagens que estão longe de nos levar a conhecer uma realidade apenas por semelhança na aparência, pois nelas cada elemento da imagem carrega significados que só são compreendidos quando se conhecem as convenções de época. Exemplos mais corriqueiros são aqueles que frequentam o nosso cotidiano, como o caso da imagem da bandeira brasileira, a qual representa o Brasil do mesmo modo que a Praça dos Três Poderes, em Brasília, representa os poderes que regem a nação: Executivo, Legislativo e Judiciário (Santaella, 2002).

Convenções sociais agem aí no papel de leis que fazem com que esses signos devam representar [...] objetos dinâmicos [que estão fora deles].

[...] Enquanto o ícone sugere [seu objeto] através de associações por semelhança e o índice o indica através de uma conexão de fato, existencial, o símbolo o representa através de uma lei. (Santaella, 2002, p. 20)

9.4
A semiótica semi-simbólica do visual

A semiótica da imagem da Escola de Greimas baseia-se na diferenciação básica entre elementos imagéticos do nível de expressão e do nível de conteúdo. Essa teoria é complementada por uma nova diferenciação entre dimensões significativas plásticas e figurativas da imagem. A análise opera desde "oposições semânticas elementares até significações temáticas e figurativas complexas" (Santaella; Nöth, 1988, p. 103). Os trabalhos que se tornaram mais influentes seguindo esse modelo de análise são, por exemplo, Lindekens (1976), Floch (1985) e Thürlemann (1990).

Como acontece com quaisquer outros modelos de análise, fica bastante difícil operar analiticamente sem a familiaridade com os conceitos que foram estabelecidos nas fontes teóricas. Não há metodologia que deixe de ter por trás dela um feixe de conceitos para orientar a atividade analítica. Isso é justamente o que acontece com as três tendências semióticas aqui selecionadas, a barthesiana, a peirciana e a greimasiana. Esta depende de um domínio dos esquemas conceituais estabelecidos, em primeira mão, por Hjelmslev, cujos elementos fundamentais foram apresentados no Capítulo 6.

Semiótica visual: imagem e semi-simbolismo

De fato, é o sistema de correlações entre os planos da expressão e do conteúdo que explica por que as imagens visuais são semi-simbólicas e como são estruturadas em sistemas semi-simbólicos. Distinguindo-se dos sistemas inteiramente simbólicos – os quais, nessa semiótica, são entendidos como aqueles que manifestam uma correspondência entre suas unidades de expressão e conteúdo e que assim se constituem como uma semiótica biplanar –, nos sistemas semi-simbólicos essa correspondência um a um se dissipa, constituindo-se, então, como uma semiótica planar. Explicações mais detalhadas virão a seguir. Por enquanto, vale o exemplo dos sinais de trânsito, nos quais as imagens são semi-simbólicas porque os elementos do seu plano de expressão apresentam apenas correspondências relativamente soltas com o plano de conteúdo.

Segundo nos informa Caliandro (2009), Greimas, em 1978, escreveu um texto, publicado em 1984, no qual reunia os primeiros resultados das pesquisas de Floch, de Thürlemann e outros para caracterizar o que se passou a chamar de *semiótica semi-simbólica* constituída por uma organização monoplana, quer dizer, um tipo de organização despido de distinções claras entre os planos de expressão e de conteúdo, mas, mesmo assim, interpretáveis. Nelas, a conformidade entre os dois planos da linguagem não se dá entre elementos isolados, como é o caso da linguagem verbal, exemplo maior de semiótica simbólica, mas se dá entre suas categorias subjacentes e profundas dos planos de expressão e conteúdo. Por isso, o que se tem aí é uma semiótica monoplanar, no sentido de que ela não permite a correlação um a um dos elementos isolados.

Para Greimas, a semiótica plástica seria um caso particular, que mais tarde seria tomado como exemplar, da semiótica semi-simbólica. Com isso, ainda segundo Caliandro (2009, p. 2), aí estava reconhecida a existência de microcódigos responsáveis pela articulação do *modus significandi* do semi-simbólico. Tomando como base as palavras de Lancioni (2004, citado por Caliandro, 2009, p. 2), acrescenta que a concepção do semi-simbólico se funda sobre a noção de contraste plástico, a qual pode ser definida como a "co-presença, na mesma [manifestação de] superfície, de termos opostos (contrários ou contraditórios) da mesma categoria plástica (ou de unidades mais vastas, organizadas da mesma maneira)".

Mais tarde, Floch explicou que os contrastes plásticos realizam na imagem "uma supra-segmentação significante, da qual a simples lexicalização da dimensão figurativa não poderia dar conta" (Caliandro, 2009, p. 2). A seguir, Caliandro indaga se os pressupostos dessas definições relativas à "segmentação e supra-segmentação, lexicalização figurativa do nível plástico subjacente, assim como os códigos e microcódigos" não estariam impondo sobre o visual o sistema que é "próprio à articulação das unidades da linguagem verbal" (Caliandro, 2009, p. 2). Todavia, esse tipo de questionamento é próprio dos especialistas e foge

Semiótica visual: imagem e semi-simbolismo

da proposta deste capítulo, de modo que parece mais adequado indicar agora um trabalho em que as abstrações conceituais da semiótica semi-simbólica são tratadas de modo claro e acessível, facilitando sua compreensão por meio da aplicação do modelo a um caso de semiótica-objeto.

Trata-se da análise realizada por Morato (2008), na sua dissertação que tomou como semiótica-objeto as telas do mestre da pintura barroca Manoel da Costa Ataíde (1762-1830), nas quais episódios da vida de Cristo são retratados. Aplicando a metodologia do semi-simbolismo, o autor examinou os planos da expressão e de conteúdo. Este último, formado pelo percurso gerativo do sentido; o primeiro, pela inclusão das dimensões da espacialidade, luz, cor, forma, tendo como referência a história da arte e a iconografia.

Assim, no plano do conteúdo, o autor encontrou categorias presentes no discurso da religiosidade cristã, tais como foram trabalhadas pelo barroco e que trazem à baila as oposições fundamentais.

Essas categorias do plano de conteúdo, homologadas às categorias do plano de expressão, que se situam nas dimensões **topológica** (central vs periférico), **fotocromática** (claro vs escuro, cores quentes vs cores frias) e **eidética** (dilatado vs contraído), constroem relações semi-simbólicas, responsáveis pelos efeitos de sentido gerados no/pelo texto. Dessa maneira, o conteúdo do discurso religioso barroco é expresso através de elementos estéticos característicos da pintura. (Morato, 2008, p. 8, grifo do original)

A leitura do texto funciona como um bom exemplo do modo como são construídas as relações semi-simbólicas que se responsabilizam pela geração dos efeitos de sentido, o que, de certa forma, é o objetivo nuclear buscado pela linha semiótica greimasiana.

Embora breves, as apresentações destacadas anteriormente, até certo ponto, parecem suficientes para fornecer uma visão do modo como cada uma das três tendências da semiótica do visual se desenvolve para atingir o objetivo de explicitar os processos de significação que são prerrogativas da imagem.

Síntese

Este capítulo teve início com a discussão sobre o caráter da imagem. Passou, então, em breve revista algumas das teorias da semiótica da imagem e do visual que ficaram conhecidas. A partir disso, foram selecionadas as três principais correntes semióticas responsáveis pelo desenvolvimento de uma semiótica do visual: a semiótica barthesiana, a semiótica peirciana e a

Semiótica visual: imagem e semi-simbolismo

semiótica greimasiana. Discussões mais detalhadas dos conceitos que cada uma dessas correntes da semiótica desenvolveu para as reflexões sobre o funcionamento semiótico da visualidade foram por fim realizadas.

Questões para revisão

1. Quais são os dois conceitos sobre o signo fotográfico que deram fama a Barthes?

2. Quais são os aspectos icônicos da visualidade, conforme Peirce?

3. Imagem, diagrama e metáfora são signos sob o domínio da primeiridade porque:

   a) são signos convencionais.

   b) são signos de lei.

   c) são signos que não podem ser interpretados.

   d) representam seus objetos por similaridade.

   e) mantêm uma conexão existencial com seus objetos.

4. Analise as afirmações a seguir sobre a semiótica visual.

   I) Caliandro (2008) questiona os empréstimos verbais presentes no conceito de *semi-simbólico*.

   II) Os hipoícones imagem, diagrama e metáfora apresentam exatamente as mesmas funções.

III) A semiótica semi-simbólica é monoplanar, visto que ela não permite a correlação um a um dos elementos isolados.

Agora, assinale a alternativa correta:

a) As afirmativas II e II estão corretas.

b) As afirmativas II e III estão corretas.

c) As afirmativas I e III estão corretas.

d) Apenas a afirmativa I está correta.

e) Apenas a afirmativa III está correta.

5. Por que os sinais de trânsito são semi-simbólicos? Vale o exemplo dos sinais de trânsito, nos quais as imagens são semi-simbólicas porque os elementos do seu plano de expressão apresentam apenas correspondências relativamente soltas com o plano de conteúdo.

a) Porque eles apresentam elementos verbais.

b) Porque eles são estritamente visuais.

c) Porque eles são facilmente interpretáveis pelos canais visuais.

d) Porque eles contêm elementos autoevidentes.

e) Porque os elementos da expressão se soltam do conteúdo.

Estudo de caso

A seguir apresentamos um estudo semiótico que pode funcionar como subsídio a projetos de publicidade, de performance ou de realização artística. É muito comum que tais projetos busquem análises que possam servir de base para o desenvolvimento de procedimentos estéticos. O termo *sabor* tem como referência uma qualidade que é própria da sensação e da percepção. Entretanto, um mesmo tipo de metodologia pode ser também empregado para noções mais abstratas como a exploração dos sentidos de autenticidade, nobreza, feminilidade etc.

O universo dos sentidos de sabor

1. Os variados aspectos de sabor

   1.1. Tipos básicos de sabor

   - Doce (açucares/sacarose)
   - Salgado (sódio clorídrico)
   - Amargo (alcaloides: cafeína e quinino),
   - Azedo (ácidos e cítricos)

   Os pesquisadores estão estudando um quinto tipo básico de sabor, o unami, responsável pela detecção daquilo que é saboroso.

1.2. Tipos complexos de sabor

Ácido, agridoce, temperado, condimentado, apimentado, picante, marinado, acre.

1.3. Intensidade do sabor

Forte, delicado, pesado, leve, suave, rico, insípido, insosso.

1.4. Consistência do sabor

Áspero, macio, brando, tenro, encorpado, suculento, cremoso, aveludado, potável, diluído, solúvel, fluido.

1.5. Temperatura do sabor

Quente, frio, gelado e morno.

2. O sabor está ligado:

2.1. A algo que detém o atributo de ser saboroso (estímulo)

Ser saboroso significa ser palatável, gustativo, único, agradável, gostoso, delicioso, estimulante, irresistível, inebriante, voluptuoso.

2.2. Ao ato de saborear (ação)

O ato de saborear produz a sensação física de bem-estar, de alívio, de ânimo, de vitalidade, de disposição, de prazer.

2.3. Ao efeito de sentir sabor (resultado)

O efeito de sentir sabor desperta condescendência, satisfação, alegria, gratificação, euforia.

Estética & semiótica

3. Situações ligadas ao sabor: comer e beber

3.1. Há o sentido prosaico do comer e beber, tal como nutrir, alimentar e matar a sede.

3.2. Há também o sentido sensual do comer e do beber: a sensualidade *gourmet*, degustar, lamber os lábios, lamber os dedos, lambuzar-se, sorver, inebriar-se. Trata-se do sensualismo do sabor ligado ao elemento tátil do ato de saborear.

3.3. Há, ainda, o sentido festivo do comer e beber. Assim, a ideia de sabor alia-se à culinária, à gastronomia, à boa mesa, à festa, ao banquete.

Entretanto, a comida não é tão imprescindível quanto a bebida em atos de celebração, visto que beber e celebrar são quase sinônimos. Festa, comemoração, alegria e divertimento são inseparáveis do ato de beber – ao qual se liga o ritual de brindar.

4. Sabor e sinestesia

Sinestesia significa a fusão de sensações percebidas por diferentes órgãos dos sentidos. Como exemplo, podemos citar "o sabor vermelho da fruta", "o sabor dourado da cerveja", "a sensualidade loura da cerveja", "a luz crua do amanhecer" etc.

A sensação do sabor é inseparável da visualidade, do tato e do olfato. O sabor é, portanto, por natureza, sinestésico.

A visão daquilo que vai ser ingerido, de suas cores, formas, texturas, volumes e disposição não é importante apenas no aspecto psicológico, que desperta o desejo de ingerir, mas também fisiológico, pois ativa a salivação. A aparência visual daquilo que se oferta ao paladar funciona como o primeiro crivo de seleção de um alimento ou de uma bebida.

Não há paladar sem o acompanhamento do olfato. Ambos, junto com o tato, são sentidos hedonistas, ligados aos prazeres do corpo e, consequentemente, às satisfações psíquicas. O aroma e a fragrância, ativadores do olfato, guardam uma relação indissolúvel com o sabor. Este só se completa no olfato. A palavra *flavor*, em inglês, significa a mistura de sabor e cheiro. A degustação, na sua relação com o aroma, produz modificações no humor. Por isso, é comum se afirmar a existência de chás para todos os humores.

O sabor implica também a sensação tátil da detecção e identificação da consistência daquilo que é ingerido, e das substâncias químicas dissolvidas. A língua é o órgão mais tátil do corpo humano. Vem daí boa parte do prazer que se extrai da ação de sugar, da ingestão e da deglutição – que, na psicanálise, foi diagnosticado como pulsão oral.

O ato de saborear um alimento ou uma bebida envolve uma relação indissolúvel de exterioridade (o estímulo) e de interioridade (a experiência). Essa relação se expressa no prazer

Estética & semiótica

que não se limita ao sentido gustativo, mas se estende aos outros sentidos, associando-se à experiência integral de um momento que une o físico ao psíquico.

Da sinestesia do sabor decorre sua implicação com a cor do sabor (visão), a textura do sabor (tato) e o aroma do sabor (olfato).

5. Os sentidos figurados do sabor: metáforas e outras figuras

Sabor é sinônimo de gosto. Sentir sabor e sentir gosto podem ter o mesmo significado ao denotar uma sensação. Entretanto, a partir do século XVIII, com o desenvolvimento da estética, a palavra gosto passou a adquirir um novo significado metafórico ligado à arte, ao bem viver, à civilidade e à cultura.

Com isso, o termo *gosto* passou a ter dois sentidos até certo ponto distintos, mas também complementares: de um lado, é sinônimo da sensação tanto física quanto psíquica de sabor; de outro, refere-se ao bom gosto, ao belo, ao virtuoso, ao estiloso, ao refinamento, à elegância, à harmonia, à discriminação, à apreciação, ao polimento das maneiras e dos costumes. Ter o mesmo gosto, inclusive naquilo que se gosta de saborear, compartilhar sabores, o gosto comum, leva também à ideia de afeto.

Quando duas palavras ou imagens, pertencentes a contextos distintos e, por vezes, muito distantes, são justapostas, a proximidade entre ambas produz uma faísca de sentido que não pertence inteiramente nem a um, nem a outro elemento, mas nasce da junção entre ambos. Uma metáfora famosa na literatura é a da personagem Capitu, de *Dom Casmurro*, que tinha "olhos de ressaca". Dois elementos distantes, olhos e ressaca, ao se aproximarem, produzem um relampejar de sentido.

Sob efeito da sinonímia entre *sabor* e *gosto*, a palavra *sabor* também passou a adquirir sentidos figurados, metafóricos etc., quase sempre com valor positivo. Isso pode ser explicado em função do princípio hedonista da experiência de saborear. Em outras palavras, *saborear* tem significado positivo, ligado ao prazer, à emoção, ao sentimento e à afetividade. Por isso, sabor pode ser aliado a quaisquer outros substantivos, como:

- Sabor da alegria
- O sabor de viver
- Sorver o sabor do momento
- O sabor da felicidade
- O sabor da tentação
- Sabor mágico

Há ainda outras expressões mais livres:

- Dar asas ao sabor
- O lugar do sabor

- Encontro com o sabor
- Uma explosão de sabor
- Um sabor que dá gosto de experimentar
- Dar mais sabor à rotina
- A cara do sabor

O termo latino *sapere* significa tanto "sabor" quanto "ser sábio". Vem daí a associação possível de sabor com sabedoria, como em „saber com sabor" e "saborear novas ideias". Vem daí também a ligação possível de sabor com escolha e preferência.

Outras associações ainda permitidas são aquelas que ligam o sentido de sabor com "tomar gosto" e "gozar", como o gozo da alimentação e o gozo da ingestão da bebida. Do mesmo modo que buscamos conforto, estabilidade, saúde e amor, também buscamos o prazer, saborear os instantes de alegria e deleite com que a vida nos presenteia.

6. O sabor como índice e símbolo

Certos alimentos e sabores típicos de regiões e de países acabam por funcionar não apenas como índices de lugares, mas também como símbolos. Assim, o café já foi símbolo do Brasil, a cerveja funciona como símbolo da Alemanha, o *fast food* simboliza os Estados Unidos, o chocolate simboliza a Bélgica, o pão de queijo é símbolo de Minas Gerais, *a parrilla*, da Argentina etc.

Para concluir...

A emergência da semiótica em meados do século XIX coincidiu justamente com o momento em que as teorias da arte começaram a se multiplicar. Essas teorias absorveram séculos de reflexões sobre o belo, tanto na natureza quanto na arte. Do mesmo modo, absorveram os conceitos da ciência da estética cujo desenvolvimento havia tido início no século anterior. Não só a semiótica e as teorias da arte emergiram no mesmo período histórico, quanto também ambas apresentaram, desde então, um crescimento e uma multiplicação igualáveis.

Ao colocar os dois campos – o da estética e o da semiótica – em comparação e intersecção, este livro contribui para a compreensão dos elementos conceituais semióticos que são capazes de nos levar a melhor compreender a estética e vice-versa. Enquanto a semiótica é a teoria de todos os tipos de signos e dos modos como funcionam, a estética detecta quais são os fatores que, nas linguagens, são capazes de produzir efeitos perceptivos que aguçam nossos sentidos.

Embora mantenham suas especificidades como campos do saber, a semiótica e a estética apresentam alianças que este livro tratou de colocar em relevo. Para isso, não se pode dispensar o tratamento do desenvolvimento histórico e dos conceitos fundamentais que pertencem a cada um desses campos. Esse foi o roteiro seguido para que o leitor possa ir penetrando e se inteirando gradativamente desses dois grandes pilares do conhecimento humano.

Em quaisquer que sejam as áreas em que o estudante estiver inserido, este livro traz contribuições. De um lado, o ser humano é constitutivamente um ser de linguagem. Portanto, conhecer como funcionam as linguagens é também um aprendizado tanto para o autoconhecimento quanto para o conhecimento dos modos pelos quais temos acesso ao mundo. De outro lado, a estética acorda em nós aquilo que temos de mais sutil, ou seja, a abertura de nossa percepção para tudo aquilo que, na realidade, é capaz de capturar e regenerar nossa sensibilidade. Colocar esses dois campos em diálogo conjugado é, de fato, um desafio e, ao mesmo tempo, uma conquista.

Referências

ADORNO, T. W. **Teoria estética**. Madrid: Taunus, 1980.

ARISTÓTELES. **Poética**. Porto Alegre: Globo, 1966.

_____. **Retórica**. Madrid: Alianza, 1998.

_____. Refutações sofísticas. In: _____. **Órganon**. Tradução de Edson Bini. São Paulo: Edipro, 2005. p. 547-608.

_____. **Da interpretação**. Tradução de José Veríssimo Teixeira da Mata. São Paulo: Ed. da Unesp, 2013.

ATWOOD, M. Margaret Atwood: "Gosto de alternar entre velha bruxa e anciã sábia". **El País**, 21 nov. 2017. Entrevista. Disponível em: <https://brasil.elpais.com/brasil/2017/11/21/eps/1511282293_560656.html>. Acesso em: 24 jul. 2018.

AUMONT, J. **A imagem**. Tradução de Estela dos Santos Abreu e Cláudio C. Santoro. Campinas: Papirus, 1993.

BARNARD, A.; SPENCER, J. (Ed.). **Encyclopedia of Social and Cultural Anthropology**. London: Routledge, 1996.

BAUMGARTEN, A. G. **Reflections on Poetry**: A. G. Baumgarten's meditationes philosophicae de nonnullis ad poema pertinentibus. Berkeley: University of California Press, 1954.

_____. **Aesthetica**. Hildesheim: G. Olms, 1961.

BARTHES, R. **Elements of Semiology**. London: Cape, 1964.

_____. **La chambre claire**: note sur la photographie. Paris: Cahiers du cinema, 1980.

_____. **Mythologies**. Translated by Annette Lavers. New York: Hill & Wang, 1957.

_____. Rhétorique de l'image. **Communications 4**, 1964, p. 40-51.

_____. **Système de la mode**. Paris: Seuil, 1967.

BENJAMIN, W. A obra de arte na época de suas técnicas de reprodução. Tradução de José Lino Grunnewald. In: BENJAMIN, W. et. al. **Textos escolhidos**. São Paulo: Abril Cultural, 1975. p. 9-34. (Coleção Os Pensadores, v. 48).

BRAGA, M. L. S.; BRAGA, A. S. **Curso de especialização em educação na Cultura Digital – Linguagens do nosso tempo**. Brasília, DF: MEC, 2014. Disponível em: <http://catalogo.educacaonaculturadigital.mec.gov.br/hypermedia_files/live/linguagens_do_nosso_tempo/apresentacao.html>. Acesso em: 14 fev. 2019.

BURNHAM, J. **The Structure of Art**. New York: Braziller, 1971.

CALIANDRO, S. O semi-simbólico na arte. **Estudos Semióticos**, São Paulo, v. 5, n. 1, p. 1-8, jun. 2009. Disponível em: <https://www.revistas.usp.br/esse/article/view/49221/53309>. Acesso em: 25 jul. 2018.

CAMPBELL, J. **O poder do mito**. Tradução de Carlos Felipe Moisés. São Paulo: Athena, 1990.

CAMPOS, Á. de. **Tabacaria**. 15 jan. 1928. Disponível em: <https://www.insite.com.br/art/pessoa/ficcoes/acampos/456.php>. Acesso em: 25 jul. 2018.

CAPUTO, R. **Da Bíblia de Gutenberg aos e-books da Amazon**. 6 jun. 2017. Disponível em: <https://medium.com/rafael-d-caputo/da-b%C3%ADbl ia-de-gutenberg-aos-e-books-da-amazon-87584a5f8dc9>. Acesso em: 25 jul. 2018.

CARDIN, M. **O ato da enunciação**: semiótica e produção de texto. 278 f. Dissertação (Mestrado em Letras) – Faculdade de Ciências e Letras de Assis (Unesp), Assis, 2004. Disponível em: <http://www.gpesd.com.br/baixar.php?file=99>. Acesso em: 2 ago. 2018.

CARVALHO, A. **Documentário-ensaio**: a produção de um discurso audiovisual em documentários brasileiros contemporâneos. 107 f. Dissertação (Mestrado em Comunicação e Semiótica) – Pontifícia Universidade Católica de São Paulo, São Paulo, 2008. Disponível em: <https://tede2.pucsp.br/bitstream/handle/5121/1/Ananda%20Carvalho.pdf>. Acesso em: 25 jul. 2018.

CASTELLS, M. **A sociedade em rede**. Tradução de Roneide Venancio Majer. Rio de Janeiro: Paz e Terra, 2000. (Coleção A era da informação : economia, sociedade e cultura, v. 1).

CHARTIER, R. (Org.). **Práticas da leitura**. Tradução de Cristiane Nascimento. 2. ed. São Paulo: Estação Liberdade, 1996.

_____. **A ordem dos livros**: leitores, autores e bibliotecas na Europa entre os séculos XIV e XVIII. Tradução de Mary Del Priore. Brasília: Ed. da UnB, 1998a. (Coleção Tempos)

_____. **A aventura do livro**: do leitor ao navegador. Tradução Reginaldo Carmello Corrêa de Moraes. São Paulo: Ed. da Unesp, 1998b.

DICKIE, G.; SCLAFANI, R.; ROBLIN, R. (Ed.). **Aesthetics**: a Critical Anthology. New York: St. Martin's Press, 1977.

DONATI, L.; PRADO, G. Artistic Environments of Telepresence on the World Wide Web. **Leonardo**, Oakland, v. 34, n. 5, p. 437-445, 2001.

_____. Utilizações artísticas de imagens em direto na World Wide Web. In: PARENTE, A. (Org.). **Tramas da rede**. Porto Alegre: Sulina, 2004. p. 265-281.

ECO, U. **A estrutura ausente**. Tradução de Pérola de Carvalho. São Paulo: Perspectiva, 1971.

_____. **As formas do conteúdo**. Tradução de Pérola de Carvalho. São Paulo: Perspectiva, 1974.

_____. **O nome da rosa**. Tradução de Aurora Fornoni Bernardini e Homero Freitas de Andrade. Rio de Janeiro: Nova Fronteira, 1983.

_____. **The Aesthetics of Thomas Aquinas**. Translated by Hugh Bredin. Cambridge, MA: Harvard University Press, 1988.

_____. **The Future of Semiotics**. Lodz: Wydawnictwo Uniwersytetu Lodzkiego, 2017.

_____. **Tratado geral de semiótica**. Tradução de Antonio de Padua Danesi e Gilson Cesar Cardoso de Souza. São Paulo: Perspectiva, 1980.

ECO, U. (Ed.). **History of Beauty**. New York: Rizzoli, 2004.

ECO, U. (Org.). **História da feiúra**. Tradução de Eliana Aguiar. Rio de Janeiro: Record, 2007.

EDELINE, F.; KLINKENBERG, J. M.; MINGUET, P. **Traité du signe visuel**. Paris: Seuil, 1992.

FIORIN, J. L. Semiótica das paixões: o ressentimento. **Alfa**, São Paulo, v. 51, n. 1, p. 9-22, 2007. Disponível em: <https://periodicos.fclar.unesp.br/alfa/article/view/1424/1125>. Acesso em: 25 jul. 2018.

FLOCH, J.-M. **Petites mythologies de l'oeil et de l'esprit**: pour une sémiotique plastique. Paris; Amsterdam: Hadès-Benjamins, 1985.

FRANKLIN, S. Cultural Studies. In: BARNARD, A.; SPENCER, J. (Ed.). **Encyclopedia of Social and Cultural Anthropology**. London: Routledge, 1996.

FRIEDERICH G. **König (1774-1833)**. Disponível em: <http://tipografos.net/tecnologias/koenig.html>. Acesso em: 21 ago. 2018.

FUSARO, A. C. **Inteligência artificial e a ilusão do percepto afetivo**. 114 f. Dissertação (Mestrado em Tecnologias da Inteligência e Design Digital) – Pontifícia Universidade Católica de São Paulo, São Paulo, 2018. Disponível em: <https://tede2.pucsp.br/handle/handle/21112#preview-link0>. Acesso em: 25 jul. 2018.

GIBSON J. J. **The Perception of the Visual World**. Westport, CT: Greenwood Press Publishers, 1950.

_____. What is a form? **Psychological Review**, n. 58, p. 403-412, 1951. Disponível em: <http://citeseerx.ist.psu.edu/viewdoc/download?doi=10.1.1.294.8784&rep=rep1&type=pdf>. Acesso em: 25 jul. 2018.

_____. A theory of pictorial perception. **Audio-Visual Communication Review**, n. 2, p. 3-23, 1954.

GREIMAS, A. J. **Du sens I**: essais sémiotiques. Paris: Seuil, 1970.

_____. **Du sens II**: essais sémiotiques. Paris: Seuil, 1983.

_____. **Sémantique structurale**. Paris: Larousse, 1966.

_____. Semiótica figurativa e semiótica plástica. In: OLIVEIRA, A. C. (Org.). **Semiótica plástica**. São Paulo: Hacker, 2004. p. 75-96.

_____. **Sémiotique et sciences sociales**. Paris: Seuil, 1976.

GREIMAS, A. J.; COURTÉS, J. **Dicionário de semiótica**. Tradução de Alceu de Lima et al. São Paulo: Cultrix, 1979.

GREIMAS, A. J.; FONTANILLE, J. **Semiótica das paixões**. Tradução de Maria José Rodrigues Coracini. São Paulo: Ática, 1993.

GUILLAUME, P. **Psicologia da forma**. Tradução de Irineu Moura. 2. ed. São Paulo: Companhia Editora Nacional, 1966. (Coleção Atualidades Pedagógicas, v. 81)

HAVELOCK, E. A. **Prefácio a Platão**. Tradução de Enid Abreu Dobránzsky. Campinas: Papirus, 1996.

HEGEL, G. W. F. **Estética**. Tradução de Álvaro Ribeiro e Orlando Vitorino. Lisboa: Guimarães Editores, 1972. 7. v. (Coleção Filosofia & Ensaios).

_____. Estética: a ideia e o ideal. Tradução de Orlando Vitorino. In: _____. **A fenomenologia do espírito. Estética. Introdução à história da filosofia**. 3. ed. São Paulo: Abril Cultural, 1985.

_____. **Phenomenology of Spirit**. Translated by Michael Inwood. Oxford: Clarendon Press, 1979.

HEIDEGGER, M. The Origin of the Work of Art. In: _____. **Poetry, Language, Thought**. Translated by Albert Hofstadter. New York: Harper & Row, 1971.

HJELMSLEV, L. **Prolegomena to a Theory of Language**. Translated by Francis J. Whitfield. Madison: University of Wisconsin Press, 1961.

HOFSTADTER, A.; KUHNS, R. (Ed.). **Philosophies of Art & Beauty**: Selected Readings in Aesthetics from Plato to Heidegger. 2. ed. Chicago: The University of Chicago Press, 1976.

HORKHEIMER, M.; ADORNO, T. A indústria cultural: o iluminismo como mistificação de massas. Tradução de Julia Elisabeth Levy. In: LIMA, L. C. **Teoria da cultura de massa**. São Paulo: Paz e Terra, 2002. p. 169-214.

JAKOBSON, R. **Linguística e comunicação**. Tradução de Izidoro Blikstein e Jose Paulo Paes. São Paulo: Cultrix, 1971.

KAC, E. Aspectos da estética das telecomunicações. In: RECTOR, M.; NEIVA, E. (Org.). **Comunicação na era pós-moderna**. Rio de Janeiro: Vozes, 1997. p. 175-199.

_____. Telepresence Art. In: KRIESCHE, R. (Ed.). **Teleskulptur**. Graz: Kulturdata, 1993. p. 48-72. Disponível em: <http://www.ekac.org/telepresence.art._94.html>. Acesso em: 8 maio 2018.

KANT, I. **Critique of Practical Reason**: and Other Works on the Theory of Ethics. Translated by Thomas Kingsmill Abbott. 6. ed. London: Longmans, Green & Co., 1914.

_____. **Critique of Pure Reason**. Translated by Max Müller. London: Macmillan & Co., 1929.

_____. **The Critique of Judgement**. Translated by James Creed Meredith. Oxford: Oxford University Press, 1952.

KELKAR, A. **Prolegomena to an Understanding of Semiosis and Culture**. Mysore: Central Institute of Indian Languages, 1984.

KERCKHOVE, D. **A pele da cultura**. Tradução de Luis Soares e Catarina Carvalho. Lisboa: Relógio D'Água, 1997. (Coleção Mediações).

KNIGHT, C. D. **Blood Relations**: Menstruation and the Origins of Culture. New Haven, CT; London: Yale University Press, 1991.

KRESS, G.; LEEUWEN, T. van. **Reading Images**. Victoria: Deakin University Press, 1990.

LAUREL, B. (Ed.). **The Art of Human-Computer Interface Design**. Reading, MA.: Addison Wesley, 1990.

LEAL, R. S. **O estético nas organizações**: uma contribuição da filosofia para a análise organizacional. 360 f. Tese (Doutorado em Administração) – Universidade Federal da Bahia, Salvador, 2003.

LEMOS, A. **Cibercultura**: tecnologia e vida social na cultura contemporânea. Porto Alegre: Sulinas, 2002.

LÉVY, P. **As tecnologias da inteligência**: o futuro do pensamento na era da informática. Tradução de Carlos Irineu Costa. São Paulo: Ed. 34, 1994.

LINDEKENS, R. **Essai de sémiotique visuelle**. Paris: Klincksieck, 1976.

LIPOVETSKY, G.; SERROY, J. **A estetização do mundo**: viver na era do capitalismo artista. Tradução de Eduardo Brandão. São Paulo: Companhia das Letras, 2015.

LOTMAN, Y. M. **Cultura y explosion**. Traducción de Delfina Muschietti. Barcelona: Gedisa, 1999.

_____. On the Semiosphere. **Sign Systems Studies**, v. 33, n. 1, p. 215-239, 2005. Disponível em: <http://citeseerx.ist.psu.edu/viewdoc/download?doi=10.1.1.693.9961&rep=rep1&type=pdf>. Acesso em: 27 jul. 2018.

LOTMAN, Y. M. Primary and Secondary Communication-Modeling Systems. In: LUCID, D. P. (Ed.). **Soviet semiotics**. Baltimore, MD: Johns Hopkins University Press, 1977a. p. 97-105.

_____. Problems in the Typology of Culture. In: LUCID, D. P. (Ed.). **Soviet Semiotics**, Baltimore, MD: Johns Hopkins University Press, 1977b. p. 213-221.

_____. Theses on the Problem 'Art in the Series of Modeling Systems'. In: LUCID, D. P. (Ed.). **Soviet Semiotics**. Baltimore, MD: Johns Hopkins University Press, 1977c. p. 7.

_____. **Universe of the Mind**: a Semiotic Theory of Culture. Bloomington: Indiana University Press, 1990.

LOTMAN, Y.; USPENSKIJ, B. A. Myth – Name – Culture. In: LUCID, D. P. (Ed.). **Soviet Semiotics**. Baltimore, MD: Johns Hopkins University Press, 1977a. p. 233-252.

_____. On the Semiotic Mechanism of Culture. LUCID, D. P. (Ed.). **Soviet Semiotics**. Baltimore, MD: Johns Hopkins University Press, 1977b. p. 17-23.

LUCID, D. P. (Ed.). **Soviet Semiotics**. Baltimore: Johns Hopkins University Press, 1977.

MacCANNELL, D. Ethnosemiotics. In: WINNER, I. P.; UMIKER-SEBEOK, J. (Ed.). **Semiotics of Culture**. The Hague: Mouton, 1979. p. 103-148.

McGREW, W. C. **Chimpanzee Material Culture**: Implications for Human Evolution. Cambridge: Cambridge University Press, 1992.

MACHADO, I. (Org.). **Semiótica da cultura e semiosfera**. São Paulo: Fapesp; Annablume, 2007.

MACIEL, M.; VENTURELLI, S. Artes nos motores gráficos dos jogos e computador. In: MACIEL, K.; PARENTE, A. (Org.). **Redes sensoriais**: arte, ciência, tecnologia. Rio de Janeiro: Rios Ambiciosos, 2003. p. 225-232.

MANOVICH, L. **After Effects, or Velvet Revolution in Modern Culture**: Part I. 2006a Disponível em: <http://manovich.net/content/04-projects/052-after-effects-part-1/50_article_2006.pdf>. Acesso em: 27 jul. 2018.

MANOVICH, L. **Import/Export**: Design Workflow and Contemporary Aesthetics. 2006b. Disponível em:<http://manovich.net/content/04-projects/051-import-export/48_article_2006.pdf>. Acesso em: 27 jul. 2018.

_____. **Info-Aesthetics**: Book Proposal. 2006c. Disponível em:<https://pt.scribd.com/document/454054/IE-MIT-proposal-2004>. Acesso em: 14 fev. 2019.

_____. **Interaction as an Aesthetic Event**. 2007. Disponível em:<http://manovich.net/content/04-projects/056-informat ion-as-an-aesthetic-event/53_article_2007.pdf>. Acesso em: 14 fev. 2019.

_____. **Remixability and Modularity**. Nov. 2005. Disponível em: <http://manovich.net/content/04-projects/046-remixability-and-modularity/43_article_2005.pdf>. Acesso em: 27 jul. 2018.

_____. **The Language of New Media**. Cambridge: MIT Press, 2001.

_____. **Trending**: The Promises and the Challenges of Big Social Data. 28th Apr. 2011. Disponível em: <http://manovich.net/content/04-projects/067-trending-the-promises-and-the-challenges-of-big-social-data/64-article-2011.pdf>. Acesso em: 14 fev. 2019.

MARIN, L. Éléments pour une sémiologie picturale. In: MARIN, L. (Ed.). **Études sémiologiques**. Paris: Klincksieck, 1971. p. 17-43.

MARTINON, J.-P. Sociologie de la culture. In: ENCYCLOPAEDIA UNIVERSALIS. Paris: Encyclopaedia Universalis France S. A., 1985. p. 873-876.

MATTELART, A.; MATTELART, M. **História das teorias da comunicação**. Tradução de Luiz Paulo Rouanet. São Paulo: Loyola, 1999.

MCLUHAN, M. **Os meios de comunicação como extensão do homem**. Tradução de Décio Pignatari. São Paulo: Cultrix, 1969.

_____. **A Galáxia de Gutenberg**. Tradução de Leônidas Gontijo de Carvalho. São Paulo: Companhia Editora Nacional; Edusp, 1972.

METZ, C. **Essais sémiotiques**. Paris: Klincksieck, 1977.

_____. **Langage et cinéma**. Paris: Larousse, 1971.

MITCHELL, W. J. T. **Iconology**: Image, Text, Ideology. Chicago: University of Chicago Press, 1986.

MORATO, E. F. **Do conteúdo à expressão**: uma análise semiótica dos textos pictóricos de Mestre Ataíde. 117 f. Dissertação (Mestrado em Estudos Linguísticos) – Universidade Federal de Minas Gerais, Belo Horizonte, 2008. Disponível em: < http://www.bibliotecadigital.ufmg.br/dspace/handle/1843/AIRR-7DHPX5>. Acesso em: 27 jul. 2018.

MOTHERSILL, M. Hume and the Paradox of Taste. In: DICKIE, G. et al. (Ed.). **Aesthetic**: an Anthology. New York: ST. Martin's Press, 1977.

NADIN, M. Design and Semiotics. In: KOCH, W. A. (Ed.). **Semiotics in the Individual Sciences**. Bochum: Brockmeyer, 1990. p. 418-136.

NATAL, C. B. Credibilidade dos gêneros de informação pan-jornalística no ciberespaço. **Comunicação e Sociedade**, v. 27, n. 45, p. 135-154. Disponível em: <https://www.metodista.br/revistas/revistas-ims/index.php/CSO/article/view/3802/3351>. Acesso em: 15 ago. 2018.

NEVES, M. H. de M. A teoria linguística em Aristóteles. **Alfa**, São Paulo, v. 25, p. 57-67, 1981. Disponível em: <https://periodicos.fclar.unesp.br/alfa/article/view/3635/3404>. Acesso em: 15 fev. 2019.

NICOLAU, R. A narratividade no texto publicitário. **Temática**, jul. 2005. Disponível em: <http://www.insite.pro.br/2005/39-A%20 narratividade%20no%20texto%20publicit%C3%A1rio.pdf >. Acesso em: 10 ago. 2018.

NIETZSCHE, F. **The Birth of Tragedy**. Translated by Clifton P. Fadiman. New York: Dover Thrift Editions, 1927.

NÖTH, W. **A semiótica no século XX**. 3. ed. São Paulo: Annablume, 1996.

_____.**Handbuch der Semiotik**. Auf. 2. Stuttgart-Weimar: J. B. Metzler, 2000.

_____. Iúri Lótman: a cultura e suas metáforas como semiosferas auto-referenciais. In: MACHADO, I. (Org.). **Semiótica da cultura e semiosfera**. São Paulo: Fapesp; Annablume, 2007. p. 81-96.

_____. **Panorama da semiótica**: de Platão a Peirce. São Paulo: Annablume, 1995.

NÖTH, W.; SANTAELLA, L. **Introdução à semiótica** passo a passo para compreender os signos e a significação. São Paulo: Paulus, 2017. Coleção Introduções).

ONG, W. J. **Oralidade e cultura escrita**. Tradução de Enid Abreu Dobránszky. São Paulo: Papirus,1998.

PEIRCE, C. S. Collected papers. In: HARTSHORNE, C.; WEISS, P.; BURKS, A. W. (Ed.). **Collected Papers of Charles Sanders Peirce**. Cambridge, MA: Belknap Press of Harvard University Press, 1931-1966. v. 1-8.

PEREIRA LIMA, J. **A teoria glossemática de Louis Hjelmslev numa perspectiva historiográfico-linguística**. Dissertação (Mestrado em Letras e Linguística) – Universidade Federal de Goiás, 2010.

PINTO, L. H. A. Aproximação teórica ao método pragmalinguístico. In: **Leitura pragmalingüística da Bíblia**: o método, aplicação em Oséias 10,1-8, questões e perspectivas. Dissertação (Mestrado em Teologia) – Pontifícia Universidade Católica do Rio de Janeiro, Rio de Janeiro, 2003. Disponível em: <http://www2.dbd.puc-rio.br/pergamum/tesesabertas/0210276_03_cap_02.pdf>. Acesso em: 15 fev. 2019.

PLATÃO. **Hípias maior**. Tradução de Carlos Alberto Nunes. Belém: Ed. da Universidade Federal do Pará, 1980.

_____. O Banquete. Tradução e notas de José Cavalcante de Souza. In: _____. **Diálogos**. Tradução José Ribeiro Ferreira. 5. ed. São Paulo: Nova Cultural, 1991. (Coleção Os Pensadores.). p. 7-60.

_____. **Fedro**. Tradução José Ribeiro Ferreira. Lisboa: Edições 70, 1997.

_____. Crátilo. In: _____. **Diálogos**. Tradução de Carlos Alberto Nunes. 3. ed. rev. Belém: Ed. da UFPA, 2001. p. 142-207.

POINSOT, J.; DEELY, J. N. (Ed.).**Tractatus designis**. Berkeley: University of California Press, 1985.

POSTER, M. **The Second Media Age**. Cambridge: Polity Press, 1995.

RADER, M. **A Modern Book of Esthetics**: an Anthology. 3rd. ed. New York: Holt, Rinehart and Winston, 1966.

RECUERO, R. **A conversação em rede**: a comunicação mediada pelo computador e as redes sociais na internet. Porto Alegre: Sulina, 2012.

_____. **Redes sociais na internet**. 2. ed. rev. e ampl. Porto Alegre: Sulina, 2009.

ROSNAY, J. **O homem simbiótico**. Petrópolis: Vozes, 1997.

SAINT-MARTIN, F. **Sémiologie du langage visuel**. Sillery: Presses de l'Université du Québec, 1978.

SANTAELLA, L. **A ecologia pluralista da comunicação**: conectividade, mobilidade, ubiquidade. São Paulo: Paulus, 2010.

SANTAELLA, L. **A teoria geral dos signos**. 4. ed. São Paulo: Cengage Learning, 2000.

_____. Adeus às fronteiras entre natureza e cultura. **Revista Observatório Itaú Cultural**, v. 19, p. 17-23, 2015.

_____. As imagens no contexto das estéticas tecnológicas. In: VENTURELLI, S. (Org.). **Arte e tecnologia**: intersecções entre arte e pesquisa. Brasília: Instituto de Artes da Universidade de Brasília, 2007a. E-book.

_____. As linguagens como antídotos ao midiacentrismo. **MATRIZes**, v. 1, n. 1, p. 75-98, out. 2007b. Disponível em: <https://www.revistas.usp.br/matrizes/article/view/38178/40907>. Acesso em: 14 fev. 2019.

_____. **Comunicação e pesquisa**. São Paulo: Hacker, 2001a.

_____. **Comunicação ubíqua**: repercussões na cultura e na educação. São Paulo: Paulus, 2013.

_____. **Culturas e artes do pós-humano**: da cultura das mídias à cibercultura. São Paulo: Paulus, 2004.

_____. Da cultura das mídias à cibercultura: o advento do pós-humano. **Revista Famecos**, Porto Alegre, n. 22, p. 23-32, dez. 2003. Disponível em: < https://revistas.pucsp.br/index.php/cognitiofilosofia/article/view/13531/10042>. Acesso em: 1º fev. 2019.

_____. Epistemologia semiótica. **Cognitio**, São Paulo, v. 9, n. 1, p. 93-110, jan./jun. 2008a. Disponível em: < https://revistas.pucsp.br/index.php/cognitiofilosofia/article/view/13531/10042>. Acesso em: 27 jul. 2018.

_____. **Estética**: de Platão a Peirce. São Paulo: Experimento, 1994.

_____. _____. [S.l.]: C0D3S, 2017a.

_____. Game arte no contexto da arte digital. **DATJournal**, v. 2, n. 1, p. 2-13, 2017b. Disponível em: <https://ppgdesign.anhembi.br/datjournal/index.php/dat/article/view/38>. Acesso em: 4 fev. 2019.

SANTAELLA, L. **Inteligência artificial (IA)**: a nova era do universo digital. 16 out. 2017c. Disponível em: <https://sociotramas.wordpress.com/2017/10/16/intel: gencia-artificial-ia-a-nova-era-do-universo-digital>. Acesso em: 27 jul. 2018.

_____. **Leitura de imagens**. São Paulo: Melhoramentos, 2012.

_____. **Linguagens líquidas na era da mobilidade**. São Paulo: Paulus, 2007c.

SANTAELLA, L. **Matrizes da linguagem e pensamento**: sonora, visual, verbal. São Paulo: Iluminuras; Fapesp, 2001b.

_____. Mente e/ou consciência em C. S. Peirce. **Cognitio**, São Paulo, v. 17, n. 1, p. 119-130, jan./jun. 2016a. Disponível em: <https://revistas.pucsp.br/index.php/cognitiofilosofia/article/viewFile/30223/21695>. Acesso em: 27 jul. 2018.

SANTAELLA, L. (Ed.). **Novas formas do audiovisual**. São Paulo: Estação das Letras e Cores, 2016b.

_____. O impacto das novas mídias sobre a cultura. In: VILLARES, F. (Org.). **Novas mídias digitais (audiovisual, games e música)**: impactos políticos, econômicos e sociais. Rio de Janeiro: E-papers, 2008b. p. 17-51.

_____. O pluralismo pós-utópico da arte. **ARS**, São Paulo, v. 7, n. 14, p. 131-151, 2009. Disponível em: <http://www.scielo.br/pdf/ars/v7n14/v7n14a10.pdf>. Acesso em: 27 jul. 2018.

_____. **O que é semiótica**. São Paulo: Brasilense, 1983.

_____. **Por que as comunicações e as artes estão convergindo**. São Paulo: Paulus, 2005.

_____. Prefácio – A mente entrevista pela semiótica e a metafísica. In: JORGE, A. M. G. **Topologia da ação mental**: introdução à teoria da mente. São Paulo: Annablume, 2006.

_____. **Semiótica aplicada**. São Paulo: Cengage Learning, 2002.

_____. _____. ed. rev. e ampl. São Paulo: Cengage Learning, 2018.

SANTAELLA, L.; NÖTH, W. **Comunicação e semiótica**. São Paulo: Hacker, 2004.

_____. **Imagem**: cognição, semiótica, mídia. São Paulo: Iluminuras, 1988.

_____. **Semiótica**: bibliografia comentada. São Paulo: Experimento, 1999.

SAINT-MARTIN, F. **Sémiologie du langage visuel**. Sillery: Presses de l'Université du Québec, 1978.

SARDINHA, G. P. A linguagem sincrética do jornalismo on-line: um estudo da significação no portal UOL. **Teccogs: Revista Digital de Tecnologias Cognitivas**, São Paulo, n. 10, p. 104-122, jul./dez. 2014. Disponível em: <http://www4.pucsp.br/pos/tidd/teccogs/artigos/2014/edicao_10/4-a_linguagem_sincretica_do_jornalismo_online_um_estudo_da_significacao_no_portal_uol_gabriela_pavanato.pdf>. Acesso em: 27 jul. 2018.

SAUSSURE, F. de. **Curso de linguística geral**. Tradução de Antônio Chelini, José Paulo Paes e Izidoro Blikstein. São Paulo: Cultrix, 1969.

SCHOPENHAUER, A. **The World as Will and Representation**. Translated by E. F. J. Payne. New York: Dover Publications, 1969. 2. v.

SCHWAB, K. **The Fourth Industrial Revolution**. New York: Crown Business, 2007.

SEBEOK, T. A. Prefigurements of Art. In: SEBEOK, T. A. **The Play of Musement**. Bloomington: Indiana University Press, 1981. p. 1-71.

SIMPSON, D. (Ed.). **German Aesthetic and Literary Criticism**: Kant, Fichte, Schelling, Schopenhauer, Hegel. Cambridge: Cambridge University Press, 1984.

SINGER, M. **Semiotics of Cities, Selves, and Cultures**: Explorations in Semiotic Anthropology. Berlin: Mouton de Gruyter, 1991.

SODRÉ, M. **As estratégias sensíveis**: afeto, mídia e política. Petrópolis: Vozes, 2006.

SOUSA, R. G. Revolução Industrial. **Brasil Escola**. Disponível em: <http://brasilescola.uol.com.br/historiag/revolucao-industrial-1.htm>. Acesso em: 8 mar. 2019a.

_____. Segunda Revolução Industrial. **Brasil Escola**. Disponível em: <http://brasilescola.uol.com.br/historiag/segunda-revolucao-industrial.htm>. Acesso em: 8 mar. 2019b.

SOUSA E SILVA, A. Arte e tecnologias móveis: hibridizando espaços públicos. In: PARENTE, A. (Org.). **Tramas da rede**. Porto Alegre: Sulinas, 2004. p. 282-297.

TATIT, L. **Semiótica da canção**: melodia e letra. São Paulo: Escuta, 1994.

TICHI, C. **Electronic Hearth**: Creating an American Television Culture. New York: Oxford University Press, 1991.

THÜRLEMANN, F. **Vom Bild zum Raum**: Beiträge zu einer Semiotischen Kunstwissenschaft. Köln: Dumont, 1990.

TRAQUINA, N. **Teorias do jornalismo**: por que as notícias são como são. 2. ed. Florianópolis: Insular, 2005.

VOIGT, V. Ethnologie und Semiotics. **S: European Journal for Semiotic Studies**, v. 4, p. 317-329, 1992.

WEIBEL, P. **Entrevista com Peter Weibel**. Entrevista concedida a Maria Teresa Cruz. maio 2006. Disponível em: <http://www.interact.com.pt/memory/13/html/interact13_sub_40_pt.html>. Acesso em: 14 fev. 2019.

WELCH, K. E. **The Contemporary Reception of Classical Rhetoric**: Appropriations of Ancient Discourse. New York: Routledge, 1990.

WOLF, M. **Teorias da comunicação**. Tradução de Maria Jorge Vilar de Figueiredo. Lisboa: Presença, 1987.

Respostas

Capítulo 1

1. O desenvolvimento histórico do pensamento sobre o belo é mais antigo do que a estética, que foi fundada por Baumgarten como ciência da percepção sensível, em 1735.
2. Embora haja diferenças entre autores na definição da semiótica, todas elas convergem na concepção da semiótica como a ciência que estuda a vida dos signos e os processos de significação.
3. e
4. b
5. c

Capítulo 2

1. Embora a comunicação humana seja a mais exemplar para estudar os processos comunicacionais, há processos de comunicação em todos os processos vivos.
2. Desde muito cedo o ser humano se deu conta de que a concentração da memória de uma comunidade no cérebro biológico era frágil, sem garantias de permanência. Por essa razão, formas externas de registro da memória gradativamente foram criadas, tais como os livros, as fitas magnéticas e, hoje, a digitalização das linguagens.
3. b

Capítulo 3

4. a
5. d

Capítulo 3

1. Os signos visuais perceptivos relacionam-se fato de que sermos dotados dos órgãos da visão nos permite perceber o mundo visualmente. Ou seja, o mundo se apresenta a nós por meio das imagens visuais que temos dele. Já os signos visuais representativos são aqueles que são produzidos pelo ser humano, como desenhos, pinturas, fotografias etc.
2. Linguagens híbridas são aquelas que misturam signos verbais, visuais e sonoros. Nesse sentido, o jornal já se constitui como uma linguagem híbrida. A partir do cinema, com a introdução do áudio, as linguagens passaram a ser chamadas de *audiovisuais*, pois integram várias linguagens em um todo complexo.
3. c
4. d
5. c

Capítulo 4

1. Nietzsche buscou recuperar aquilo que a história da filosofia ocidental deixou para trás, desde os gregos: o aspecto festivo e extasiante da vida. A partir disso, dividiu as artes em dois aspectos: o lado apolíneo, mais voltado para a elegância das formas, e o lado dionisíaco, voltado para os atributos do êxtase.
2. Esse momento coincidiu com o advento da Revolução Industrial e das transformações técnicas e sociais que ela instaurou. Isso coincidiu com a crise dos sistemas filosóficos transcendentais, nos quais a estética tinha um espaço próprio. Isso também coincidiu com a aceleração na

produção de obras artísticas, o que trouxe como consequência a multi-plicação de teorias da arte.

3. a
4. c
5. c

Capítulo 5

1. A realidade virtual envolve todo o corpo do participante em um ambiente tridimensional simulado. A realidade aumentada por sua vez, realiza a sobreposição de imagens digitais no campo de visão do observador e, portanto, cria misturas entre a realidade física e a realidade virtual.

2. Por meio de câmeras de vídeo ou de um ambiente gerado por computador, a telepresença permite que o participante esteja com seu corpo em um lugar físico e, ao mesmo tempo, compartilhá-lo a distância em um ambiente virtual. A telepresença envolve recursos de controle remoto, observação remota, *telekinesis* e trocas de informação audiovisual em tempo real.

3. c
4. b
5. a

Capítulo 6

1. As preocupações acerca da linguagem e de seu poder de significar fizeram parte do pensamento grego, aumentaram na Idade Média e, a partir de meados do século XIX, passaram a ser cientificamente estudadas sob o nome explícito de *semiótica*. O grande número de escolas semióticas no século XX comprova que o interesse por essa área de conhecimento tende a crescer.

Estética & semiótica

2. Todos os sistemas semióticos, desde Saussure até Greimas, passando por Hjelmslev e Barthes, estruturam-se em conceitos opositivos binários. O único programa semiótico europeu que, até certo ponto, escapa do binarismo foi o elaborado por Umberto Eco.
3. a
4. a
5. d

Capítulo 7

1. A semiótica se divide em três ramos. O primeiro deles diz respeito aos signos, seus modos de significação, seu poder referencial e aos possíveis modos de serem interpretados. A teoria dos signos funciona como base para o estudo dos tipos de raciocínio ou argumento que Peirce divide em três: a abdução, ou o raciocínio que leva à descoberta; a indução, que é o raciocínio empregado pelas ciências empíricas; e, por fim, a dedução, que está na base do raciocínio matemático.
2. Para ser genuíno, o signo deve colocar em ação os três membros da tríade: o signo, o seu objeto e o seu interpretante. O qualissigno, em si mesmo, não tem poder de representação, pois se trata de uma qualidade cujo poder se limita a se assemelhar a uma outra qualidade. Para funcionar como signo, o qualissigno depende de que essa semelhança seja processada em uma mente interpretadora. Por isso, diferentemente do signo genuíno – que será assim interpretado porque está fundamentado em um signo de lei –, o qualissigno se constitui em um quasessigno, devido à sua fragilidade representativa que é compensada por seu grande poder de produzir qualidades de sentimento na mente do intérprete.
3. c
4. a
5. c

Capítulo 8

1. No universo dos signos, Lotman propôs uma oposição entre o caráter discreto dos signos no discurso verbal e a continuidade do espaço visual não verbal. Ao partir das funções cognitivas dos dois hemisférios cerebrais, ele concluiu que, dentro da consciência, existem duas consciências: uma é verbal e a outra é não verbal. Os signos verbais são discretos, lineares, enquanto os textos visuais, ao contrário, consistem de espaço visual não discreto. Ambos são construídos em direções opostas.
2. A semiosfera resulta do desenvolvimento da cultura. Ela se constitui como o espaço necessário para as manifestações da linguagem. É esse espaço que cumpre a função unificadora para a existência da semiose.
3. b
4. d
5. d

Capítulo 9

1. Para Barthes, há dois elementos que podem ser extraídos da leitura das fotografias. O *studium* é o que corresponderia ao aspecto denotativo, convencional da fotografia. Já o *punctum*, ao contrário, é aquilo que fisga e fere o observador em fotos que trazem a marca, para dentro da foto, da ponta aguda do real.
2. São os traços que falam aos nossos sentidos, que qualitativamente se apresentam à percepção: as cores, as linhas, as formas, os volumes, as dimensões, as gradações, a luminosidade, o equilíbrio – e seu contrário –, a textura etc.
3. d
4. c
5. e

Sobre a autora

Lucia Santaella é pesquisadora nível 1 do Conselho Nacional de Desenvolvimento Científico e Tecnológico (CNPq), professora titular na pós-graduação em Comunicação e Semiótica e em Tecnologias da Inteligência e Design Digital na Pontifícia Universidade Católica de São Paulo (PUC-SP). É doutora em Teoria Literária pela PUC-SP, livre-docente em Ciências da Comunicação pela Universidade de São Paulo (USP) e se orgulha de dizer que já levou à defesa 245 mestres e doutores. Publicou 47 livros e organizou outros 18, além de 400 artigos no Brasil e no exterior. Recebeu os prêmios Jabuti (2002, 2009, 2011, 2014), o prêmio Sergio Motta (2005) e o prêmio Luiz Beltrão (2010).

Impressão:
Março/2019